Albanien und die Albanesen.

Eine historisch - kritische Studie

von

Wassa Effendi,

Beamter der Kaiserlich Türkischen Regierung,
Christlich - Albanischer Nationalität.

Springer-Verlag Berlin Heidelberg GmbH 1879

ISBN 978-3-662-38754-2   ISBN 978-3-662-39645-2 (eBook)
DOI 10.1007/978-3-662-39645-2

I.

Wie das Leben der einzelnen Individuen, so ist auch das Leben der Nationen mannigfachstem Wechsel unterworfen. Die Zeit — jene grosse Gleichmacherin aller Dinge und Wesen — unterwirft Alles, was lebt und athmet, gleichen Gesetzen; überall sehen wir dasselbe Gesetz des Wachsens, Vergehens, — das Gesetz der Umgestaltung.

Alle Völker haben denselben Entwicklungsgang durchzumachen; alle zahlen der Macht der Zeit ihren Tribut. Bei allen sehen wir Fortschritt und Niedergang.

Es giebt Völker, die nach Perioden des Ruhms, des Reichthums, der Macht zwar untergegangen, so doch in der Geschichte, — die in der Nachwelt die Erinnerung an ihre Existenz, an ihre einstige Stellung wachhält, — noch fortleben; andere sind unglücklicher: mögen sie noch so zähe um ihre Existenz gerungen haben, in der Geschichte sind sie ausgelöscht, und nur noch unsichere Spuren deuten auf sie hin, nur die Sage erinnert sich ihrer!

Ausser diesen beiden Klassen — von denen die eine die Völker umfasst, welche ihre eigene Existenz verloren haben und in andere Völker aufgegangen sind, die andere solche Völker in sich schliesst, die vollständig von der Weltbühne verschwindend, verlöscht sind, ohne auch nur eine Spur ihrer Existenz zurückzulassen — giebt es noch eine dritte Klasse, und der gehören die Völker an, deren Ursprung sich in der grauen Vorzeit verliert, und die mitten unter den grössten Schwierigkeiten, Feinde ringsumher, trotzdem es verstanden haben, eine selbständige Existenz sich zu erhalten, und deren Geschichte ein wundersames Problem bietet.

Zu letzterer Kategorie gehört das Volk der Albanesen.

1*

Von wannen kommt es? Was ist es? Wie lebt es? Das sind schwierige und bisher nur ungenügend beantwortete Fragen.

Nichts liegt uns ferner, als diese Frage erschöpfend beantworten zu wollen; Nichts liegt uns ferner, als unseren schwachen Kräften zumuthen zu wollen, die Schwierigkeiten zu besiegen, die das abstracte Studium des Ursprungs und der Lebensbedingungen eines Volkes bieten, das keine eigenen Historiker hat, die uns, sei es die Geschichte ihrer civilen und politischen Organisation, oder der von ihnen siegreich gegen die seine Existenz bedrohenden Gefahren geführten Kämpfe, hätten überliefern können.

Wir wollen in nachfolgenden Blättern nur die Eindrücke, die wir von den Gebräuchen und Gewohnheiten, der Sprache und den Sitten, dem Charakter dieses Volkes gewonnen haben, objectiv schildern, und dann wollen wir dieses Volk in Parallele stellen mit den Völkern des Alterthums.

Mögen Andere, die geschickter und gelehrter sind, als wir, von unseren Beobachtungen und Deductionen für die Wissenschaft glücklicheren Gebrauch machen als wir es verstanden!

Wenden wir unsern Blick der ältesten Vorzeit zu, so begegnen wir der Sage von zahlreichen Völkern, die von Asien her Griechenland überschwemmten; unter diesen, so erzählt die Sage weiter, waren die ersten und zahlreichsten die *Pelasger*.

Im 19. Jahrhundert vor unserer Zeitrechnung soll *Pelasgus* I. „der Sohn der Erde," sich in Arcadien niedergelassen haben; ihm folgten *Pelasgus* II., der Beherrscher Etoliens, und *Phaëton*, Beherrscher der Molosser, eine Völkerschaft Epiriens. Dann begegnen wir in der Sage im 16. Jahrhundert vor unserer Zeitrechnung einem Egypter *Danaus,* der als Gastfreund von *Pelasgus* oder *Gelanor* empfangen, diesen heimtückisch tödtete und ihm das Scepter von Argos raubte.

Alle Nachrichten stimmen aber darin überein, dass es in der sagenhaften Zeit der Geschichte Griechenlands, die wir bis zum 9. Jahrhundert vor unserer Zeitrechnung rechnen, zuerst die Pelasger waren, die Griechenland besetzten, und dass dann erst andere Völker, die, die sich schon festgesetzt hatten, bedrängten. Es war ein ewiges Kommen und Gehen von Völkerschaften, die den Kontinent überschwemmten, und, wenn sie nicht in einander verschmolzen, zurückkehrten oder sich an die Stelle der zuerst angekommenen setzten.

Die Pelasger, abstammend von jenem Pelasgus I., waren aber zweifellos die ersten, und sie hatten im Vergleich zu den später gekommenen den Charakter der Autochthonen. Den fortdauernden Anprall der ihnen folgenden Eolier, Jonier, Dorier u. s. w. konnten die Pelasger aber mit der Zeit nicht widerstehen und sahen sich zuletzt gezwungen die Meeresküste und die Niederungen zu verlassen und im Inneren des Landes, in schwer zugänglichen Gegenden ein Asyl zu suchen.

Es ist kein Zweifel, dass *Pelasgus* II., Herrscher von Eolien und *Phaëton,* Herrscher der Molosser, einer Völkerschaft von Epirus, nur die Führer dieser Pelasger haben sein können, welche durch die Einbrüche der Eolier, der Jonier und der Hellenen gezwungen worden waren, Argos und die anderen Länder, deren sie sich im Augenblick ihrer Erscheinung auf dem Kontinent bemächtigt hatten, zu verlassen. Ein Beweis mehr für diese Annahme ist der Fall des Danaus, der Argos im 16. Jahrhundert vor unserer Zeitrechnung besuchte und dem Gelanor, der ihm Gastfreundschaft bot, Reich und Leben raubte.

Im 9. Jahrhundert, einem Zeitraum, der sich schon mehr den geschichtlich erforschten nähert, finden wir *Caranus,* der Argos verlässt und sich in Emathien niederlässt und so das macedonische Reich gründet. Dieser Caranus war ein Nachkomme des Herakles und stammte höchst wahrscheinlich von eben diesen Pelasgern, deren Ursprung sich in der Fabel verliert. Da er in Argos nicht bleiben konnte, welches, wie wir schon sahen, von Danaus und später auch von Anderen wahrscheinlich besetzt wurde, suchte er ein Asyl weiter im inneren Lande und setzte sich in Emathien fest.

Vor dieser Epoche existirte der Begriff Macedonien noch nicht. Damals hiess nach übereinstimmender Kunde aller antiken Schriftsteller das betreffende Land Emathien, und Emathien muss als die Wiege dieses Königreichs, welches später so mächtig und ruhmreich wurde, angesehen werden.

Emathien aber war jenes Land zwischen den Bergen Albaniens, zwischen Debré, Kroïa und den Miriditen, welches man heute noch Math und Mathia nennt. Dieser Name Mathia wurde dem Lande nach dem es durchfliessenden Flusse gegeben, der sich unter dem Namen Mathia zwischen Epidamne (Durazzo) und Scodra (Scutari) in das adriatische Meer ergiesst.

Im Umkreis von Mathia findet man auch in der That ein grosses Ruinenfeld, und man erblickt in ihm einen runden Thurm, welcher im Volksmund Pella genannt wird.

Warum sollte man nicht annehmen, dass Mathia und Emathien dasselbe Land seien, und dass Pella die Hauptstadt dieses Landes war? Wir wissen, dass die alten Völker, wenn sie ihren bisherigen Wohnsitz verliessen, um einen neuen aufzusuchen, diesem den Namen des ursprünglichen Wohnsitzes gaben und ebenso, wenn sie in dem neuen Wohnsitze neue Städte bauten, auch diesen den Namen ihrer alten verlassenen Städte beilegten.

Ebenso wissen wir, dass Caranus, seine Begleiter und seine Nachkommen nicht allein Emathien besetzten, sondern dass sie von Schritt zu Schritt ihre Herrschaft durch Klugheit und Tapferkeit immer weiter ausdehnten, und, wie sie sich bei ihren Siegen gemässigt zeigten, so auch die Völker, die sie unterwarfen, als Brüder behandelten.

So schliesst nichts die Wahrscheinlichkeit der Annahme aus, dass der Name Emathien schliesslich für das ganze eroberte Gebiet der allgemeine wurde, und dass das Pella, welches die Geographen in die Nähe von Saloniki setzen, eine Stadt ist, welche später von macedonischen Königen aufgebaut worden ist und ihren Namen empfing von jenem Pella, welches die ursprüngliche Wiege ihrer Macht war. Der Name Macedonien wurde erst später dem Lande gegeben, das Alexander der Grosse durch sein militärisches Genie berühmt machte.

Wir wollen gewiss nicht behaupten, dass gegenüber unserer oben geschilderten Ansicht Einwürfe nicht möglich seien; wir wollen nur Thatsachen anführen, wollen nur die Beobachtungen aufzählen und die Schlüsse daraus ziehen, welche uns die Koincidenz des Namens, der Sitten, der Gewohnheiten, des Charakters der gegenwärtigen Bevölkerung des Distrikts von Mathia, mit dem Namen, den Sitten, den Gewohnheiten der alten Macedonier aufdrängt. Der Wissenschaft möge es überlassen sein, aus unseren Beobachtungen die Wahrheit herauszufinden und die Konsequenzen zu ziehen, die sich aus denselben ergeben.

Im 7. Jahrhundert vor unserer Zeitrechnung finden wir einen König der Macedonier Philipp I., der wahrscheinlich ein direkter Nachkomme des Caranus und des demselben folgenden Eropus ist. Am Schlusse dieses selben Jahrhunderts begegnen wir einem König der Epirer, Alcon und am Beginn des 6. einem König der Macedonier, Alexander, Sohn des Amyntas, der bei ihm weilende Gesandte tödten liess, weil sie sich gegen die Tugend der Weiber vergangen hatten. Im 5. Jahrhundert, jenem Zeitalter des Perikles, in welchem der Ruhm Griechenlands am hellsten strahlte, sehen wir einen macedonischen König Perdiccas, welcher mit Sitalces, König von Thracien, Krieg führte. Zu jener Zeit war Macedonien schon ein mächtiges und ausgedehntes Königreich.

Gegenüber dem Einfall der Perser, den dieses Jahrhundert brachte, vereinigten sich alle hellenischen Stämme zur Vertheidigung ihrer Nationalität, ihrer Rechte, ihrer Ehre und ihrer Unabhängigkeit; aber weder die Macedonier, noch die Epiroten finden wir auf Seiten der Griechen gegenüber den Heerschaaren des Xerxes. Herodot führt nur an, dass allein die Völkerstämme, welche südlich vom Thesprotes unmittelbar an den griechischen Grenzen wohnten, den Griechen ihre Hilfe boten. Die Völkerschaften von Epirus machten weder gemeinschaftliche Sache mit den Griechen, noch waren sie überhaupt deren Genossen. Im Gegentheil finden wir Thracier, Macedonier, Epiroten und Gallier, welche als Hilfsvölker der persischen Armee folgten und gegen Griechenland fochten, das sich mit unsterblichem Ruhm bedeckte, wie es mit seinen geringen Kräften die mächtigsten Armeen, die die Geschichte kennt, von seinen Grenzen fernhielt und vernichtete.

Im 4. Jahrhundert gab es einen **Perdiccas III.**, König von Macedonien, welcher in dem Kriege, den er mit den Illyriern führte, umkam, und ferner erscheint im selben Jahrhundert Philipp, der Vater Alexanders des Grossen, der die Athener schlug, die Phokäer unterwarf und schliesslich erzwang, dass er, indem sich sein Blick auf die Unterwerfung Griechenlands richtete, in die Versammlung der Amphictyonen aufgenommen wurde und so seinem Sohne das Feld zu seiner unsterblichen Thätigkeit eröffnete.

Gewiss haben jene Griechen, welche alle ausserhalb der Grenzen ihrer Republiken wohnenden Völker für Barbaren ansahen und alle Barbaren nannten, selbst diejenigen Völker, welche sowohl die griechische, als die pelasgische Sprache sprachen und selbst in den nachbarlichsten Verhältnissen zu ihnen lebten, den Philipp nicht aus brüderlicher Liebe und im Gefühl der gemeinschaftlichen Nationalität in den Amphictyonenbund aufgenommen. Philipp hatte sie geschlagen und bedrohte sie mit voller Unterwerfung; wenn er

in den Amphictyonenbund eintrat, so war es für ihn ein
Schritt der hohen Politik, um sich so für seine ehrgeizigen
Pläne den Weg zu ebnen, während die Anderen, die ihm
die Pforten zu jener Versammlung öffneten, nur der Nothwendigkeit folgten: sie wurden durch seine feindliche Stellung gezwungen, sich friedfertig zu zeigen; sie gaben schein-
bar freiwillig nur zu, was er hätte erzwingen können. Wahrscheinlich fühlte sich Philipp, der bis dahin als Barbar be-
handelt worden war, auch geschmeichelt, dass er so in den
Schooss der Civilisation aufgenommen wurde.

II.

In den Zeitläuften, welche Alexander dem Grossen vorhergehen, finden wir unter den Königen von Epirus keine besonders grosse Persönlichkeit; die Fabel hat nur einzelne wenige Züge von solchen aufbewahrt, welche jedoch einer Specialstudie keine hinreichende Grundlage bieten.

Die grossen Schatten der Könige von Epirus beginnen erst im 4. Jahrhundert sich abzuheben, in welchem wir einem Alexander, König von Epirus, begegnen, welcher nach Italien herüberzieht und mit den Römern verbunden die Samniter besiegt, während Alexander der Grosse Asien erobert. Diese historische Thatsache verdient ernste Beachtung; denn sie beweist nicht nur, dass Epirus keinen Theil des Griechenlands ausmachte, welches Alexander beherrschte, sondern auch dass dieses Epirus selbst nicht zu den politischen Verbündeten von Alexander dem Grossen gehörte, und dass es keinen Antheil an dem Vorstoss nahm, welcher Macedonien gegen Griechenland und Asien führte; Epirus blieb dabei neutral und theilnamlos.

Im Jahre 376 vor unserer Zeitrechnung ergab sich Epirus dem Cassander, König der Macedonier; aber schon drei Jahre später revoltirten die Epiroten und rissen sich los. Im folgenden Jahrhundert erhebt sich eine grosse epirotische Persönlichkeit, Pyrrhus, der, bevor er nach Italien ging, sowohl die Macedonier, als die benachbarten Griechen schlug; damals konnten ihn seine Soldaten in Bewunderung seiner schnellen militärischen Bewegung mit dem Adler vergleichen, und Pyrrhus konnte ihnen antworten, sie hätten wohl Recht; aber es seien ihre Lanzen, deren er sich als Flügel bei seinem Fluge bedient hätte.

Plutarch, der diesen charakteristischen Zug aus dem

Leben des Pyrrhus erhalten hat, hat keine Ahnung davon
gehabt, dass gerade wegen dieses Umstandes die Epiroten
und die Völker, die heute Albanier genannt werden, den
Namen *Shqypetârs* führen.

Plutarch, der die pelasgische Sprache nicht kannte,
welche zur Zeit des Herodot für barbarisch galt, und
welcher Epirus und seine Völkerschaften nicht aus eigener
Anschauung kannte, konnte natürlich die Erklärung nicht
liefern, welche wir im Folgenden dem Urtheil der Philologen und Gelehrten unterbreiten.

Der Adler heisst albanisch *Shqype*. *Shqyperi* oder
Shqypeni bedeutet „das Land des Adlers." *Shqypetâr* ist
gleich mit „Sohn des Adlers."

Diese historische Thatsache, welche sowohl den alten
Historikern, wie den modernen Philologen und Gelehrten
entgangen ist, verdient aufmerksame Beachtung; denn sie
beweist mit absoluter Sicherheit, dass die Epiroten ein von
dem hellenischen Volke vollständig getrennter Volksstamm
waren und zu allen Zeiten ihre eigene Sprache hatten; die
Sprache der alten Pelasger, die die Griechen nicht kannten
und die sicherlich dieselbe Sprache ist, welche man jetzt
noch in Epirus, in Macedonien, in Illyrien und auf einzelnen
Inseln des Archipels, ebenso wie in den Bergen Attika's spricht,
dieselbe Sprache, die man die albanesische nennt oder
Shqypetâre.

Wir wollen, um der Philologie einen sicheren Anhalt
für die Bedeutung unseres Satzes zu bieten, anführen, dass
die Bezeichnungen Epirus, Macedonien, Albanien den Albanesen selbst absolut unbekannt sind; in ihrer Sprache
existiren diese Bezeichnungen nicht, sie kennen einander
nur unter dem gemeinsamen Namen *Shqypetâre*, und sie
wissen kaum, dass man ausserhalb andere Bezeichnungen
für ihr Land hat, als *Shqypère* oder *Shqypéne*.

Die Bezeichnungen Epirus und Macedonien sind fremden, griechichen Ursprungs, die Bezeichnung Albanien ist

modern und erst im 14. oder 15. Jahrhundert dem Lande
der *Shqypetârs* beigelegt. Aber die *Shqypetârs* selbst wissen
nicht, was Epirus, Macedonien, Albanien bedeuten soll, das
sind für sie absolut unbekannte, in ihrer Sprache bedeutungslose
Namen. Für sie ist das ganze Land, welches von Scutari in
Albanien aus die Distrikte von Ipek, Pristina, Wrania, Kat-
chaniq, Uskup, Perlépé, Monastir, Florina, Krebena, Cala-
rites, Jannina umfasst bis zum Golf von Préveza und das
ganze Land, welches von diesen geographischen Punkten
und dem Meere begrenzt wird, *Shqypére*; ein Land, welches
der *shqypetârischen* Race gehört, die Nichts mit Griechenland gemein hat.

Wenn man den ersten besten Bauern fragt: welchem
Volke gehörst du an? so wird er kurz und bündig antworten: Ich bin *Shqypetâre!* und diese Antwort wird im
ganzen Lande Albanien Jeder, sei es auf den Höhen, sei
es im Thale, ertheilen, sei er Muselmann, Katholik oder
griechisch Orthodoxer.

Spräche man ihnen davon, sie seien Epirer oder
Albanesen, sie würden sich verletzt fühlen, weil sie glaubten,
man wolle sie in fremder Sprache beleidigen.

III.

Was wir von den Epiroten gesagt haben, gilt ebenso
für die alten Macedonier. Es ist historisch beglaubigt, dass
dieses Volk ebenso, wie die Epiroten, seine eigene Sprache
hatte, die sich von allen Dialekten der griechischen Zunge
vollständig abhebt. Auch sie hatten eine vollständig andere
Staatsverfassung, auch sie hatten Gesetze, Gewohnheiten,
Sitten, militärische Organisation, die Nichts mit der in Hellas
gemeinsam hatte.

Beweis dessen ist die Geschichte. Auch Plutarch erzählt, wie er von dem Morde des Clitus durch Alexander,
seinem Freunde, spricht: „Alexander, trunken von Wein und
Wuth, stürzte aus seinem Zelte und rief in macedonischer
Sprache seine Garden und Stallmeister."

Nach Ansicht aller Historiker war die macedonische
Sprache eine absolut von dem griechischen Idiom verschiedene;
folglich konnte Alexander, wenn er zu den Seinen sprechen
wollte, sich nicht der griechischen Sprache bedienen, denn
die Macedonier hätten ihn, da sie die griechische Sprache
nicht kannten, nicht verstehen können. Es konnte die
Sprache, welche die Soldaten des Philipp und Alexander
kannten und sprachen, nur die Sprache der alten Pelasger
sein, dieselbe Sprache, welche man in Epirus sprach, dieselbe
Sprache, welche man *Shqypé,* die Adlersprache, nennt, und
welche man heut noch in Albanien spricht.

In verschiedenen alten Schriften wird erwähnt, dass die
Stämme Eoliens, welche an Epirus grenzten, eine gemischte
griechisch-pelasgische Sprache sprachen, dass sie sich so
als Barbaren qualificirten. Durch ihre geographische Lage
kamen sie zu dieser gemischten Sprache; denn auf der einen
Seite grenzten sie an Griechenland, auf der anderen an

Epirus. Dieses von den Geschichtsschreibern ausdrücklich erwähnte Detail vervollständigt den Beweis, dass die Sprache der Epiroten die Sprache der Pelasger war, und dass diese Sprache, wie wir schon sahen, sich absolut von den Dialekten und Idiomen Griechenlands unterscheidet.

Die griechische Sprache war allein bei den höheren Gesellschaftsklassen bekannt, die sie damals studirten, ebenso wie man sie heute noch in Albanien studirt, und es ist sogar wahrscheinlich, dass der Hof des Philipp und des Pyrrhus und deren Hofleute, Generäle und Staatsmänner griechisch sprachen, griechisch schrieben. Die Sprache der Hellenen war ebenso verbreitet in Asien und Afrika, wie in Rom und Italien, denn sie war die ausgebildetste ihrer Zeit und war am besten in der Lage, diejenigen Völker, welche unter sich commercielle oder politische Verbindungen pflogen, zu verständigen. Damals studirte man griechisch, wie man heute das so zu sagen zur universellen Sprache gewordene französisch studirt.

Niemand wird leugnen, dass die Hellenen durch die Fortschritte ihrer Civilisation und ihres Ruhmes auf die höchste Spitze der Civilisation ihrer Zeit gehoben waren, dass sie sich durch ihre zur Literatursprache der Welt gewordene Sprache, durch ihre Künste, durch ihren Handel, durch ihre Gewerbe die erste Stelle unter den antiken Völkern erobert haben, aber darum glauben wir doch keinesfalls, dass alle diejenigen, welche griechisch sprachen, auch Griechen waren und zur hellenischen Familie gehörten.

Vorhergehendes beweist genügend, dass die Epiroten und die Macedonier zwei Völkerstämme waren, deren Ursprung vielleicht zusammenfällt mit dem der Eolier, der Jonier u. s. w., dass dieselben sich aber vom ersten Augenblick ihres Erscheinens auf dem Continent an von den Griechen getrennt gehalten haben, dass sie für sich eine besondere Gesellschaft bildeten, eine besondere Nationalität, welche Nichts mit der der Hellenen gemein hat; sie führten eine eigene Existenz, und haben niemals gemeinsame Sache gemacht, noch mit den Griechen sympathisirt.

Das einzige Gemeinsame waren vielleicht die heidnischen Götter. Aber diese Götter waren meistens von den alten Pelasgern eingesetzt, und es waren die Griechen, welche ihren Cultus später annahmen.

Diese Thatsache, von der die Geschichte berichtet, erhellt noch deutlicher aus den Namen dieser Gottheiten, welche eine in der albanischen Sprache verständliche und rationelle Bezeichnung haben. Hierüber in Folgendem Näheres.

IV.

Die Pelasger, welche zuerst den griechischen Continent überschwemmten, führten mit sich die Gebräuche und den Cult einer absolut primitiven Religion. Die alten Geschichtsschreiber, Herodot an ihrer Spitze, erzählen, dass die Pelasger ihren Göttern Opfer der verschiedensten Art brächten, dass sie hingegen für diese Götter keine speciellen Bezeichungen hätten. Sie hatten keine materiellen Göttergebilde aus Menschenhand; was sie anbeteten, war die Natur in ihren wohlthätigen Erscheinungen. Ihre Theogonie, welche später von den Griechen, angenommen und ausgebildet wurde, war nur das Product der Betrachtung der physischen Bewegungen der Natur, des Wechsels der Jahreszeiten, des Wesens der Elemente. Sie war mit anderen Worten nur eine Serie logischer Deductionen, oder besser gesagt die primitive Erklärung der Weltordnung, das Resultat der ersten Arbeit des menschlichen Geistes auf philosophischem Gebiet.

Das *Chaos*, *Xãoς*, das heisst das Leere, Unförmige das Verschlingende, entspringt aus den pelasgischen Worten: *hâ, hao*, ich esse, und *hàs, hâos*, der Verschlinger, oder den Worten *haap, haapsî, haopsî*, das Offene, das Leere. Diesen Worten liegt noch heute in der albanischen Sprache dieselbe Bedeutung bei.

Aus dem *Chaos* entstand *Erebus*, *Ἔρεβος*. Dieses Wort hat zum Ursprung: *érh, érhem, érhenî* oder *érhesî*, Schatten, Dunkelheit. Auf albanisch bedeutet *u-érh*: Dunkles, *érhét:* es ist dunkel, schattig, *érhenî:* dunkler schattiger Ort: *Erebus* ist der Sitz der unsterblichen Schatten.

Gea, *Γέα*, ist die Erde. Die Dorier verwandelten das

γ in δ und sprachen aus: δᾱ, dha. In der albanischen Sprache heisst die Erde: dhê.

Uranos, οὐρανός. Dieses Wort wird mit dem Digamma oran-os ausgesprochen. *Vran, vrant, i-vrant* bedeutet albanesisch: der *Wolkige.* Wenn man dem Worte *vran* die griechische Partikel ος hinzufügt, so haben wir *vran-os* oder οὐρανὸς, und ist das der Name, mit welchem die Pelasger und ihre directen Descendenten, die Albaner, den Himmel als den Sitz der Wolken bezeichnen.

Die Vereinigung von *Gea* und *Uranos*, d. h. von Erde und Himmel, brachte die *Rhea* und den *Chronos* hervor.

Rhea bedeutet in der albanesischen Sprache: die *Wolke, das Gewölk.*

Chronos, χρὸνος, entstammt dem albanischen Worte Koh. In einigen Districten Albaniens umstellt man das k in r und anstatt, dass man koh ausspricht, spricht man roh. Kohn und rohn will sagen: die *Zeit*; fügt man die griechische Partikel ος hinzu, so hat man rohnos, χρὸνος.

Aus *Rhea* entstand *Zevs,* Ζεῦς (Jupiter), *Zaa, Zee* bedeutet in der albanischen Sprache: die *Stimme. Rhea,* die *Wolke,* konnte nur zerberstend gebären; das Zerbersten gab einen Ton: das ist Blitz und Donner, genau das pelasgische *Zaa, Zee.* Wir wissen, dass Jupiter sein dodonisches Orakel mit Geräusch gab, und ebenso war die Stimme, die *Zee,* der Gott der Pelasger. Heut noch sagt man in Albanien: *Zee! lirôna sot se gék.* Gott, erlöse uns heute vom Uebel. Diese Worte *Zaa, Zee* wurden später in *Zaan, Zoon* und *Zoot* verwandelt, die heute Gott, der Herr, bedeuten, und man schwört *per Zoon, per Zoot,* bei Gott.

Zevs verbindet sich mit *Metis,* Μῆτις, die Intelligenz, der Gedanke. *Ment* bedeutet albanisch: die Intelligenz, der Gedanke. Die Griechen haben von diesem Worte das n fortgenommen, und indem sie die Partikel is zusetzten, haben sie Metis daraus gemacht. In dieser Verbindung ist es *Zeus* Jupiter, welcher die *Athena,* Ἀθηνᾶ (Minerva)

gebärt. Aber der Gebärungsact spielt sich in dem Haupte
Jupiters ab, im Sitze der Intelligenz, und bringt hervor
die *Athena* oder *Athene* (Minerva). Die Griechen, die
keinerlei Erinnerungen an die pelasgische Sprache sich erhielten, haben niemals dem Worte *Athena* eine rationelle
Bedeutung geben können und haben sich auf einfache
Hypothesen beschränken müssen. Umgekehrt bietet uns
die albanische Sprache eine sehr klare und sehr rationelle
Erklärung. *Thane* und *thêne* bedeutet auf albanesisch:
sprechen; *E-thana* und *E-théna* ist: das Sagen, das Wort,
Athena, 'Αθηνᾶ ist also das Wort Gottes, jenes Wort,
welches man in allen Religionen, sowohl den alten als den
modernen, findet. Das Wort Gottes der Pelasger entspringt
der Verbindung von *Zevs*, die Kraft, die Macht und der
Metis, der Intelligenz, dem Gedanken.

Hera, "Ηρα, die Juno der Griechen: *êr*, *êra* bedeutet
in der albanesischen Sprache: die Luft, der Wind. *Nemesis*, Νέμεσις. In der albanesischen Sprache bedeutet *nème*,
nèmes: Verfluchung, ein Ding, welches Uebel herbeizieht,
welches Leiden macht und Schlimmes hervorruft. Nach
unserer Meinung sind die Attribute der Nemesis in der
Bedeutung der albanesischen Worte *nème*, *nèmes* enthalten.

Erinnes, 'Ερινννῦες. Dieses Wort entspringt dem
érh, *erhni*, Schatten, Dunkelheit, oder dem *rhénée*, *rhénime*,
Ruinen, Zerfall.

Muse, Μοῦσαι, auf albanisch *mesoï* und *musoï*, bedeutet: ich lerne, ich lehre. *Musoïs* ist Die, welche lehrt,
welche das Wissen inspirirt, die Wissenschaft gebärt. Das
sind die Attribute der Musen, *Musoïs*, Lehrerin, Inspiratorin.

Thetis, θέτις. Man weiss, dass Thetis dem Meere
ihren Ursprung verdankt. Im albanischen heisst *Déti*: das
Meer.

Aphrodite, 'Αφροδίτη, Venus: Venus ist die Göttin
der Liebe, der Schönheit und ebenso die des Morgensterns,
Afer dite bedeutet albanisch: nahe dem Tage, Morgenstern.

Delos ist eine der Sonne geweihte Insel. *Diel* heisst auf albanisch Sonne. Wenn man die griechische Partikel os hinzufügt, so hat man *diélos.* Latone wohnt der Diana (Σελήνη, Selene) bei. *Hán* und *Hâna* ist der albanische Name des Mondes, und Diana ist sein Symbol.

Selene. *Léne* bedeutet auf albanisch: gebären, Geburt. Wir sahen schon, dass *Zaa, Zee* Gott ist; so ist *Zaa* oder *Zee, Selene* der Gott oder die Göttin der Geburt. Wir wissen, dass Selene bei den Geburten angerufen wurde.

Wir halten hier mit unseren Beispielen an, um den Leser nicht übermässig zu ermüden, da wir überzeugt sind, dass unsere Beispiele mehr als genügen, um unsere Behauptung aufrecht zu erhalten, und um definitiv das Recht des Erstgeborenen für die albanische Nationalität und Sprache gegenüber allen anderen Sprachen und Nationalitäten, die in Europa bekannt sind, aufzustellen.

Unter allen Umständen schmeicheln wir uns, den Gelehrten und Philologen ein neues Feld eröffnet zu haben für die Weiterentwicklung der von uns aufgestellten These.

V.

Abgesehen von so vielen anderen religiösen Praktiken, welche mit dem alten Cult der Pelasger zusammenhängen, und die weder Christus noch Mohamed haben ganz verschwinden lassen können aus dem Geiste der albanischen Völker, existirt der Eid auf den Stein, welcher heute noch in den Bergen Albaniens gebräuchlich ist. Dieser Schwur hat auch dasselbe Gewicht, wird von derselben Feierlichkeit begleitet, wie in den ältesten Zeiten.

Alle Historiker erwähnen denselben und J. J. Ampère erzählt folgende Thatsache mit allen Details. Bevor Sulla Rom verliess, um Mithridates zu bekämpfen, verlangte er von Cinna, dem Haupte der Partei des Marius, einen Eid, durch welchen er sich feierlich verpflichtete, keinen Wechsel in Rom während seiner Abwesenheit zu versuchen. Von diesem Schwur wünschte Sulla, dass Cinna ihn nicht auf die römischen Gottheiten ablegte, sondern dass er nach alter Sitte der Etrusker, welche diese von den Pelasgern übernommen hatten, auf den heiligen Stein erfolge. Cinna leistete diesen Schwur, indem er den Stein auf seine Schulter setzte und ihn alsdann hinter sich warf unter lauten Verwünschungen gegen sich selbst, wenn er seine Verpflichtungen bräche.

Bei wichtigen Gelegenheiten, und wenn es sich darum handelte, einen Spruch von grosser Bedeutung zu geben, werden die Aeltesten der albanischen Clans, gleichviel ob es Muselmänner oder Christen sind, von den Parteien angehalten, den Schwur beim Stein zu leisten.

Dieser Schwur ist häufig, selbst noch in unseren Tagen, auf den Höhen und in den Thälern Albaniens: er ist von den-

selben Formalitäten und von demselben Apparat umgeben,
von denselben Verwünschungen begleitet, die uns die alten
Schriftsteller beschreiben. Wir selbst haben in den albanischen Bergen einem solchen Schwur beigewohnt, als es
sich darum handelte, einem Streit, welcher über die Grenzen
zweier Triben entstanden war, zu schlichten. Die Aeltesten
der beiden benachbarten Tribus waren von den Parteien
ausgewählt worden; um den Streit zu entscheiden, mussten
sie zuerst den Eid auf den Stein leisten. Unter den Richtern
waren Muselmänner und Christen.

Die Bergbewohner von Epirus, Macedonien, Illyrien, d. h.
die Bewohner pelasgischen oder albanischen Stammes,
haben heut noch die Gewohnheit, beim Stein zu schwören,
gerade wie Andere schwören bei Gott, bei Christus, bei
der Ehre. Ebenso haben die Bewohner der Berge Albaniens
die Gewohnheit, wenn sie zusammen sprechen, — indem
sie einen Stein aufnehmen oder auf einen solchen zeigen
— den Ausdruck *per ket pêsch* (bei diesem Steine) zu gebrauchen, und die Bewohner der Thäler Albaniens oder
Epirus drücken sich so aus: *per te rand te keti gûr* (bei
der Schwere dieses Steines).

Wir glauben nicht und haben keine Anzeichen dafür,
dass dieser Ritus und dieser Schwur jemals unter den religiösen Gebräuchen Griechenlands Eingang gefunden hat.
Das ist ein primitiver Ritus, welchen allein die Descendenten der Pelasger erhalten und auf ihren Wanderzügen
mitgenommen haben, welche sie zu den Landstrichen führten,
die sie heute bewohnen. Die Pelasger, die keineswegs in
den schönen Künsten sich auszeichneten, und welche keine
besonders hervorragende Bildung besassen, verehrten einfach
die Natur in ihren sichtbaren Erscheinungsformen, in ihrer
einfachen Wohlthätigkeit. Ihre Götter waren: die Erde, der
Himmel, die Ebene, der Berg, das Wasser, der Stein, die
Sonne, der Mond, die Sterne u. s. w. Das albanische
Volk, und besonders die Bergbewohner, schwören heute

noch bei der Erde und dem Himmel, *per kiellh è per dhé*; beim Feuer und Wasser, *per ket ziarm è per ket uî*; beim Berg und bei der Ebene, *per mal è per fouch*; bei Sonne und Mond, *per ket dielh è per keth hân,* anstatt bei Gott und den Heiligen zu schwören.

Diese Formen des Schwures, welche zum ältesten Alterthum zurückgreifen, sind unverändert geblieben in dem Volksbewusstsein sowohl, wie in ihrem Ausdruck. Stationär, bleibend haben die Albaner in den vierzig Jahrhunderten, die an ihnen vorübergegangen sind, weder andere Worte, noch andere Gegenstände finden können, bei denen sie ihre Ehrfurcht bezeugen, noch andere Ideen, um sich die Gottheiten greifbar zu repräsentiren. Die Sprache, die Sitten, der Glaube, Alles ist pelasgisch geblieben von einer Grenze Albaniens zur anderen, ohne Wechsel unter dem Einfluss der Civilisation, ohne Wechsel unter dem Einfluss der Jahrhunderte und der menschlichen Unbeständigkeit.

Es ist wahrlich ein erstaunliches Phänomen, wie diese alte Sprache, die älteste aller bekannten Europa's, allein von einer Bevölkerung von zwei Millionen gesprochen wird, und wie sie sich trotzdem in ihrer Originalität hat erhalten können, ohne eine bedeutende Literatur zu besitzen. Die Sprache und ebenso Die, die sie sprechen, haben Allem widerstehen können, und der Albaner ist unter allen Zeitläuften Pelasger geblieben. Diese unerklärliche Thatsache zeigt sich nicht allein in Epirus, Macedonien und Illyrien, d. h. in der Zone, welche man das eigentliche Albanien nennt, wo die Bevölkerung compact, homogen und zahlreich ist, sondern geradeso auch auf verschiedenen Inseln des Archipels, in den Bergen Attika's, in den albanischen Kolonien Italiens und Dalmatiens, kurz überall, wo dieser Volksstamm seine Wohnung aufgeschlagen hat, sei es in alten Zeiten, sei es in neuen Zeiten. Mögen die Albaner ihre Religion gewechselt haben, mögen sie aufgegangen sein in den staatlichen Verband anderer Völker, das Andenken an die ursprüngliche Religion ist intact geblieben, und ihre Sprache hat sich erhalten, unentwegt durch den Contact mit anderen Sprachen.

Dieses von den griechischen Historikern constatirte Phänomen ist ebenso heute noch unter den Völkern Albaniens ersichtlich und verdient in der That die ganze Aufmerksamkeit der Philologen und Gelehrten, und würde wahrlich die Wissenschaft viel gewinnen, wenn diese sich dem eifrigen und fleissigen Studium dieses Phänomens näher zuwenden wollten.

Abgesehen von Allem, was wir bisher schon erwähnt haben, um das Alterthum des albanischen Volks und seine eigenthümliche Existenz ausserhalb der griechischen Familie zu beweisen, gibt es noch andere Thatsachen, welche dazu beitragen, unsere Meinung immer mehr zu bekräftigen. In Albanien existirt der Glaube an das Uebernatürliche noch im weitesten Maasse; man zieht das Horoskop aus den Eingeweiden oder aus gewissen Knochen der Thiere, aus dem Fluge der Vögel, dem Schrei des Wolfes, aus Träumen. Dieser Aberglaube wurzelt tief in dem Geiste des Volks und Nichts hat ihn verblassen lassen können. Todtenfeste, Reinigungen im Wasser und manche andere mit dem primitiven Cult der Pelasger zusammenhängende superstitiöse Gebräuche, welche überall noch in Schwunge sind, beweisen, dass die Albaner, wenn sie auch Christen oder Muselmänner geworden sind, dennoch im Innersten ebenso, wie sie die Sprache ihrer Vorfahren sprechen, so auch den Glauben ihrer Vorfahren beibehalten haben.

So wird auch die Vendetta, ghiak (Blutrache), dem entsprechend, als eine heilige Pflicht gegenüber den Manen der getödteten Verwandten aufgefasst, indem man annimmt, dass die Seele eines durch einen Andern erschlagenen Menschen weder Glück noch Ruhe im Jenseits finden kann, wenn die Verwandten nicht den Mörder, oder Einen seiner Familie oder seines Clans tödten.

VI.

Um zur Geschichte zurückzukehren, besiegte Pyrrhus, der König von Epirus, i. J. 274 vor unserer Zeitrechnung den Antigonus und wurde König von Macedonien. So wurden Macedonien und Epirus unter einem einzigen Souverain vereinigt; aber nach dem Tode von Pyrrhus revoltirten die Macedonier, und Alexander, der Sohn des Pyrrhus, musste sie, nachdem er König geworden war, bekriegen.

Von diesem Zeitraum bis zur Zeit des Perseus, des letzten Königs der Macedonier, sehen wir, wie Epirus und Macedonien theils verbunden waren, theils in grösseren oder kleineren Zeitläuften wieder auseinanderfielen, bald beherrscht von den Königen des einen Theils, bald beherrscht von den Herrschern des andern Theils; aber niemals wandten sie sich in ihren Streitigkeiten an die Griechen, weder um Hilfe, noch schlossen sie sich je den Griechen an.

Als die Römer, von Perseus provocirt, ihm Krieg erklärten, boten ihm die griechischen Republiken keine Hilfe; denn ihre politische Vereinigung mit Macedonien, deren Ausgangspunkt die Aufnahme Philipps in die Versammlung der Amphictyonen gewesen, war nur durch Umstände erzwungen worden und war gleich, nachdem die Beweggründe fortgefallen waren, auseinandergefallen und seit langer Zeit gebrochen. Sowohl die Macedonier, wie die Epiroten waren nach dem Tode Alexanders des Grossen in Folge der traurigen Konsequenzen der Rivalität seiner Generale in die ursprüngliche Stellung zurückgekehrt, das heisst, da sie keinerlei Racengemeinschaft mit den Griechen hatten, so hatte sich auch die Annäherung, welche das Uebergewicht der macedonischen Waffen zwischen den beiden Völkern hervorgerufen hatte, nicht aufrecht erhalten können.

Im Gegensatz zn den Griechen eilten die Epiroten und die Illyrier, welche ebenfalls als Abkömmlinge der Pelasger gleiche Sprache, gleiche Sitten mit den Macedoniern hatten, wie ein Mann dem Perseus zur Hilfe und hatten das Unglück, das der Schlacht von Pydna folgte, gemeinschaftlich mit ihnen zu tragen. Macedonien wurde in vier tributäre Provinzen des römischen Reichs getheilt, alle Städte Epirus' wurden dem Erdboden gleich gemacht und seine Einwohner in Sclaverei geschleppt, während Illyrien, dessen letzter König Gentius nach Rom geschleppt wurde, um den Triumphzug des Siegers zu schmücken, ebenfalls römische Provinz wurde.

Dasselbe Schicksal war Griechenland etwas später vorbehalten, indem die Römer auch seine Unabhängigkeit vernichteten und sich das Land unterwarfen. Sie plünderten nicht nur die Reichthümer Griechenlands, sondern sie bemächtigten sich auch ihrer Kunstschätze, an denen noch heute der alte Glanz des alten Ruhms und des unvergleichlichen Genies Griechenlands hängt, und die die Bewunderung auch der spätesten Zeiten ausmachen werden.

Von der Erschütterung dieser Zeit hat Griechenland sich niemals erholen können; das zeitweise Aufflackern Griechenlands zur Zeit des byzantinischen Kaiserthums, in das es aufgegangen war, hat sich niemals seinem alten Glanze auch nur annähern können. In zwei Provinzen, Achaia und den Peloponnes getrennt, wurde es zu verschiedenen Malen von Gothen und Bulgaren verwüstet und wurde in den Untergang des byzantinischen Reichs gezogen. Dann folgten die Kreuzzüge und die Kreuzfahrer, welche das Land nach dem alten Feudalsystem in kleine Lappen zerrissen und dasselbe hart bedrückten. So setzte sich die Barbarei des Occidents auf den Trümmern der alten Civilisation fest, deren Untergang durch sie besiegelt wurde.

Auch Epirus, Macedonien und Illyrien, welche zu einfachen Provinzen herabgedrückt wurden, hatten keinerlei
Beziehungen zu Griechenland; der Unterschied der Race,
der Anschauungen, der Interessen, welcher sie nie zu einer
gemeinschaftlichen Nationalidee hatte vereinigen können,
hatte auch die letzten Spuren der vorübergehenden politischen
Verbindung verwischt.

Der Einbruch der Gothen, der Bulgaren und anderer
Barbaren versetzte dem Kaiserreiche des Orients den Todes-
stoss, das durch sein despotisches Regierungssystem und
seine schlechte Verwaltung seine Kraft verloren hatte und
so eine Beute des Occidents wurde, der es zerstückelte,
bevor es den Ottomanen anheimfiel.

Mitten unter der Unmasse von Unglück, das hart auf
der Bevölkerung lastete, verblasste der Gedanke an eine
gemeinsame Nationalität immer mehr und mehr; man fühlte
sich nicht mehr als Bürger desselben Vaterlandes. Ebenso vernichtete der religiöse Fanatismus die letzte Spur der
Vaterlandsliebe, der Idee der Race, der Zusammengehörigkeit und setzte an deren Stelle den Antagonismus zwischen
Siegern und Besiegten: die Einen bedrückten, die Andern
litten, die Einen bedrängten, die Andern blieben passiv, die
Einen fühlten sich gemeinschaftlich als Muselmänner, die
Andern fanden ein gemeinsames Band als Christen.

Die Christen Griechenlands assimilirten sich den Christen
des übrigen Kaiserreichs, und nach den ersten Umwälzungen,
welche die türkische Eroberung hervorrief, ergaben sie sich
dem Handel, der Schiffahrt und den Künsten. Im Gegensatz zu den Griechen sammelten sich die Epiroten, die
Macedonier und die Illyrier, d. h. die Stämme von rein
pelasgischer Race, denen die Fremden in neuester Zeit den
Kollektivnamen Albaner beigelegt haben, in patriotischer
Idee und setzten im 15. Jahrhundert der ottomanischen
Herrschaft hartnäckigsten Widerstand entgegen.

So sehen wir, wie in diesem Jahrhundert ganz Albanien die Waffen ergriffen hatte, um die Unabhängigkeit des Landes zu vertheidigen. Georg Castrioti, von den Türken Skander bey genannt, entriss, nachdem er als Geissel beim Sultan gelebt hatte, den Türken Croya und die ganze Herrschaft seiner Vorfahren, deren sie sich bemächtigt hatten. Im Namen und unter dem Beistand aller Albanesen erklärte er den beiden mächtigsten Sultanen des ottomanischen Reichs, Murad IV und seinem Sohne Mehmed, dem Vernichter des byzantinischen Kaiserthums, dem Eroberer von Konstantinopel, den Krieg.

Das war die Zeit der albanischen Union, deren Haupt Skander bey war. Wir stehen davon ab, detaillirte biographische Notizen über diesen ausserordentlichen Mann zu geben; uns genügt zu konstatiren, dass zu einer Zeit, wo Nichts den türkischen Waffen Widerstand leisten konnte, Skander bey der Einzige war, der mit seinen Albanesen denselben die Spitze zu bieten versuchte und den Türken zweiundzwanzig Schlachten lieferte. Diese historischen Thatsachen sprechen laut genug für sich selbst und bedürfen keines Commentars.

Aus diesen Ereignissen entspringt ein neuer Beweis für unsere These; denn während die Führer und die albanischen Volksstämme sämmtlich der Ligue beitraten, während Lek, Fürst von Dukaguin, Arianite, Herr von Canina und Vallona, Bosdare, Haupt von Arta und Jannina, Moses, Haupt von Débré, die Thopia, die Strésia, die Kouka, die Shpata, die Urana, die Angéli und eine Anzahl anderer Fürsten und Führer albanischer Clans sich unter dem Oberbefehl von Skander bey gesammelt hatten, hielten sich die Völker Griechenlands vollständig abseiten und thaten Nichts, um die nationale Bewegung Albaniens zu unterstützen.

Diese offenkundige Gleichgiltigkeit ist ein Beweis mehr, dass die Griechen sich nicht für solidarisch hielten mit

den wahren Abkommen der Pelasger; sie glaubten weder
an Gemeinschaftlichkeit der Race, noch an moralische oder
politische Verwandtschaft: die alte Trennung, die Trennung
des Ursprungs zeigte sich zum dritten Male und ebenso
expressiv, und blieben die Völker auch in diesem Augen-
blicke ebenso getrennt, standen sie sich ebenso fremd
gegenüber, wie zur Zeit des Einbruchs der Perser, wie zu
den Zeiten der Eroberungszüge der Römer.

VII.

Nach dem Tode von Skander bey, der um die Mitte des 15. Jahrhunderts starb, überzogen die Türken Albanien und unterwarfen es sich von einem zum andern Ende, wie sie vorher Griechenland unterworfen hatten. Es ging in Albanien so, wie es in Griechenland gegangen war: ein Theil der Bevölkerung zog nach Italien aus, andere traten zum Islam über, während der Rest im Lande blieb, treu der christlichen Religion, sei es der orthodoxen oder der katholischen.

Die Unterwerfung Albaniens war keineswegs im Stande, den kriegerischen Geist seiner Volksstämme zu vernichten. Bewohner von unfruchtbaren und schwer zugänglichen Bergen, hatten sie nicht genug Land, um sich dem Ackerbau zuzuwenden, hatten sie nicht genug Nacken, um sich unter das Joch einer anderen Thätigkeit zu beugen, um sich dem Handel und der Industrie in die Arme zu werfen. Das albanische Volk erhielt sich stets seinen alten Charakter, die Erinnerung an seine alten Thaten; es blieb Soldatenvolk, ein geborenes Soldatenvolk, ebenso wie es seine Vorfahren gewesen waren. In diesem kriegerischen Geiste blieben sich die, die Muselmänner geworden waren, und die, die Christen blieben, gleich. Alle behielten ihre Waffen und fröhnten ihren kriegerischen Instincten. Die Armeen, welche man in Albanien aushob, waren immer vermischt, und ob die Soldaten Christen oder Muselmänner waren, sie waren immer die Bürger desselben Landes, die Nachkommen derselben Race, und ohne Unterschied ergriffen sie die Waffen, und ohne Unterschied fochten sie tapfer für die Sache des ottomanischen Reichs.

In den Bergdistrikten Albaniens genossen die Christen

gegenüber den Christen der anderen Theile des ottomanischen Reichs mancher Freiheiten und Privilegien, welche
sie mit geringen Ausnahmen auf fast gleichen Fuss mit
ihren muselmännischen Landsleuten setzten; die Pascha's
Albaniens waren immer von militärischen Führern umgeben,
die theils Muselmänner, theils Christen waren, und stützten
sich auf deren Treue, ohne Unterschied der Religion.

Alle anderen Racen, welche nicht der albanischen
Race angehörten, hielten sich stets fern von der muselmännischen Gemeinschaft und wollten nie mit Muselmännern
gemeinsame Sache machen. Sie hatten still das Loos der
Besiegten angenommen und duldeten es, in untergeordneter
Stellung ihr Leben zu fristen. In dieser Stellung verloren
sie die Gewohnheit des Waffentragens und zogen sich so
das Misstrauen und die Verachtung der Muselmänner zu,
die die Kriegerkaste blieben. Ebenso haben alle die Volksstämme, welche nicht Albanesen waren, niemals das Gefühl der Pflicht gekannt, mit den Waffen das gemeinschaftliche Vaterland zu vertheidigen, und sie gingen alle unter
in den Beschäftigungen mit Handel, Industrie, Landwirthschaft, wie die Unfreien des Mittelalters.

Zu Beginn unsres Zeitalters finden wir Mustaphar,
Pascha von Scutari und Ali Tépélen, Pascha von Jannina,
welche sich so unabhängig gemacht hatten, dass ihre Unabhängigkeit die hohe Pforte beängstigte; der Eine beherrschte das obere, der Andere das untere Albanien, und
hatten es beide verstanden, unter sich die muselmännischen
und christlichen Elemente in demselben patriotischen Gedanken zu vereinigen und beiden Elementen den Geist kriegerischen Ruhmes in gleicher Weise einzuhauchen. Unter-
stützt von den muselmännischen Beys, von den christlichen
Hauptleuten und von den Chefs der Clans, hatten sie beide
es verstanden, sich zu einer unvergleichlichen Höhe empor-
zuschwingen; aber die Rivalität, die unter beiden ausbrach,
verdarb sie. Gegenseitig im Kampfe, als Tyrannen zuletzt

von ihrem Volke verlassen, wurden sie schliesslich vom Sultan gezüchtigt.

Es waren die Klephten und die albanischen Führer, welche dem orthodoxen Rit angehörten, welche dem modernen Griechenland die tapfersten Helden des Befreiungskrieges lieferten. Die Botzari, die Karaïskaki, die Tchavella, die Miaoulis, die Boulgaris und viele andere Krieger waren Albanesen, welche die Sache Griechenlands aufnahmen, geleitet durch ihren kriegerischen Geist, begierig nach Abenteuer und Kampf, und ausserdem durch die Religion, die sie mit den Griechen gemeinschaftlich hatten. Der griechische Befreiungskampf hatte von den rauhen albanischen Führern keineswegs als nationaler Kampf aufgefasst werden können; sie fassten ihn nur als religiösen Kampf: sie waren Christen und kämpften gegen die Muselmänner. Es war der Kampf des Kreuzes gegen den Halbmond, und auch hier kam zu Tage, was fast bei allen europäischen Völkern zu Tage trat, dass die Bürger desselben Vaterlandes sich erwürgen im Namen einer Religion, die andere Religionen nicht dulden wollte; ja, es ist schrecklich zu sehen, bis zu welchem Grade der Verblendung die Menschen durch den religiösen Fanatismus und durch Klassenhass weggerissen werden können.

Wenn wir aber zugeben müssen, dass nach der Unabhängigkeitserklärung Griechenlands die albanesischen Führer, berauscht durch den Sieg und durch die hervorragende Stellung, die ihnen ihr Heroismus unter den Griechen erobert hatte, sich Hellenen nannten und die hellenische Nationalität annahmen, so kann man doch keineswegs aus dieser alleinstehenden Thatsache den Schluss ziehen, dass alle Stammesgenossen dieser Einzelnen auch Hellenen wären.

Aehnliches hat sich stets zugetragen und wird sich noch stets zutragen, es werden immer einzelne Männer der einen Nationalität die Nationalität eines anderen Volkes annehmen, und wir sehen, wie in Frankreich viele Leute englischen, irländischen, griechischen oder italienischen Stammes Franzosen werden, nachdem sie länger in Frankreich gelebt haben. Dasselbe Phänomen bietet sich unseren Blicken in England, in Russland und anderswo; aber das Alles beweist nur, dass einzelne Menschen zwar ihre Nationalität wechseln können, sei es durch freie Wahl, sei es unter dem Drucke der Verhältnisse, dass das aber keinen Einfluss haben kann auf die Nationalität ihrer Landsleute.

Ausserdem ist es bemerkenswerth, dass alle die Albanesen, welche sich in Griechenland befinden und griechische Unterthanen geworden sind, niemals aufgehört haben, ihre eigene Sprache zu sprechen und so eine gesonderte Familie unter den Fremden bilden, und dass die ihnen mit den Griechen gemeinschaftliche Religion und Erziehung sie ihren Ursprung nicht hat vergessen lassen können, sie ihren Sitten nicht entwöhnt hat. Wenn man also zugeben muss, dass es Albanesen giebt, welche griechische Unterthanen sind, so wird man trotzdem nie zugeben können, dass die Albanesen hellenischer Race seien, noch dass diese beiden Völker überhaupt dieselbe Race hätten, noch dass sie dieselben Neigungen empfänden.

Aber selbst wenn man zugeben wollte, dass die Christen Albaniens (Epirus oder Macedoniens) darum für Griechen gehalten werden könnten, weil sie mit den Hellenen gemeinschaftlich dieselbe orthodoxe Religion haben, oder weil man in ihren Schulen griechisch lernt, und weil Einzelne diese Sprache mit Vorliebe sprechen, so müsste man ebenso zugeben, dass die Katholiken Albaniens Italiener wären, weil sie italienisch sprechen und mit den Italienern gemeinschaftlichen Cult ausüben; aber diese Zusammengehörigkeit hat niemals den Italienern den Gedanken nahegelegt, die Katholiken Albaniens als ihre Stammesgenossen für sich zu revendiciren, und ebenso wenig haben die Katholiken Albaniens daran gedacht, dass sie die mindeste Stammesgemeinschaft mit den Völkern Italiens hätten.

Wie wir die Dinge ansehen, so sind die Albanesen,
mögen sie Muselmänner oder Katholiken sein, dasselbe geblieben, was sie durch 30 Jahrhunderte hindurch waren:
das älteste Volk Europa's, die reinste Race aller bekannten
Racen, eine Race, die durch ein an's Wunderbare grenzendes
Phänomen, das wir uns nicht erklären können, hat Widerstand leisten können allen Zeitstürmen, die sonst Alles verändern und umgestalten, die es verstanden hat, ihre Sprache
aufrecht zu erhalten ohne eine besondere Literatur, ohne
eine weitergehende Civilisation, und die es verstanden hat,
was noch mehr bedeuten will, ihren originalen und charakteristischen Typ sich zu bewahren, ohne sich unversöhnlich
zu zeigen und von vornherein in äusserlichen Manifestationen
den Glauben und den Rit der Religionen zurückzuweisen,
die sich in dem Wechsel der Jahrhunderte siegreich
verbreitet hatten.

Aber es gibt noch eine andere Ideenreihe, auf welche
wir die Aufmerksamkeit der Gelehrten und der Philologen
hinleiten wollen, auf dass sie uns in der Aufrechterhaltung
unserer Argumente unterstützen.

Wir haben nicht nöthig, besonders darauf aufmerksam
zu machen, dass Konstantin, der Kaiser der Römer, es war,
welcher nach Byzanz den Sitz des Kaiserreichs verlegte,
noch dass später dieses unendliche Kaiserreich in zwei
Theile zertheilt wurde, dessen einer Theil den Namen
Kaiserreich des Occidents annahm, der andere den Namen
Kaiserreich des Orients, noch dass später durch einen
Missbrauch dieser letztere Theil byzantinisches Reich oder
griechisches Kaiserthum genannt wurde. Dies sind elemen-
tare Dinge, die Jeder kennt. So ist es sicher, dass es nicht
die Griechen waren, welche das griechische Kaiserreich
gründeten, und die sich das byzantinische Kaiserreich unterwarfen; das war das Werk der Römer. Wenn man das
Kaiserreich später das griechische nannte, so ist das keineswegs, weil es eine griechische Schöpfung war, sondern weil

3

die Kaiser, welche einander folgten, und weil die Mehrzahl
der Volksstämme, welche von ihnen abhingen, sich von der
römischen Kirche trennten und einen Rit annahmen, welcher
griechisch genannt wurde, um ihn von dem andern Rit zu
unterscheiden, den man römisch oder lateinisch nannte.

Angesichts dieser Thatsachen ist man gezwungen zu-
zugeben, dass die Bezeichnung griechisches Kaiserreich
absolut keinen nationalen Sinn, sondern nur einen religiösen
Sinn hat, und dass man nur in Missbrauch des Namens
dazu kommen konnte, mit griechisch zu bezeichnen nicht
allein die, die zur griechischen Race und Nationalität gehörten, sondern auch die, welche anderen Racen angehörten
und den Rit der orientalisch-griechischen Kirche angenommen hatten.

Wir halten um so eifriger an dieser unserer Meinung
fest, da bis zur Trennung von *Pothius* und später noch
das orientalische Kaiserreich nicht anders als römisches
Kaiserreich genannt wurde. Als römische Kaiser konser-
virten die Kaiser von Byzanz durch lange Zeit das Exarchat
von Ravenna und ebenso eine Reihe anderer Plätze, die im
Herzen Italiens liegen.

Der griechische Name, mit dem man die Unterthanen
dieses Reichs belegte, war einfach *Roméi*, Römer, und
heute noch nennen die Araber die Einwohner des ottomanischen Kaiserreichs, welche nicht armenischer Race sind,
mit dem Namen *Roumî*, Römer, und ebenso bezeichnen
die Namen *Rouméi* und *Roumî* die römischen Eroberer,
die Begründer des Kaiserreichs und keineswegs die Männer
griechischer Race. Die Araber unsrer Tage, wenn man
selbst von den Muselmännern, den Beamten der türkischen
Regierung spricht, bezeichnen sie mit dem unfreundlichen
Namen *Roumi*. Man weiss, dass die Araber die Römer
hassten und verabscheuten, sie waren ihre erbitterten Feinde.
Die Gemeinsamkeit der Religion hat diese Gefühle weder
geändert, noch auch nur gemildert. Auch bezeichnen die

Söhne der Wüste noch heute mit dem Namen *Roumî*
Diejenigen, welche an Stelle der Römer sich zu Herrschern
ihres Landes gemacht haben.

Erst als das osmanische Kaiserreich sich auf den
Trümmern des byzantinischen Kaiserreichs erhob und die
neuen Eroberer den Namen *Osmanlis* angenommen hatten,
hörte die Bezeichnung *Roméi* auf von den zur orthodoxen
Religion sich bekennenden Einwohnern des Kaiserreichs ge-
braucht zu werden. *Roméos* wurde in der Volkssprache
synonym mit Grieche.

Der Spielraum, den man der Bedeutung dieses Namens
liess, und der Missbrauch, den man in der Folge damit
trieb, machten ihn schliesslich gewissermassen generisch.
Mit ihm bezeichnete man anfangs die Römer, die Gründer
des Kaiserreichs, dann die Christen orthodoxen Rits und
später auch die Angehörigen der griechischen Race und
Nationalität, sowie diejenigen, welche mit ihnen dieselben
Glaubenssätze und Dogmen bekannten. Es geschah dasselbe,
was im Islam geschehen war: nicht die Nationalität
deutete man mit dem Namen Türken an, sondern dieser
Name wurde Allen, die zum Islam gehörten, ohne Unterschied gegeben. In Ermanglung einer einzigen Nationalität
war es die mohamedanische Religion, welche dafür eintrat,
und es einigten sich die Muselmänner aller Racen und aller
Nationalitäten in ein und derselben religiösen und politischen
Idee, welche nicht eine Nationalität, aber eine grosse Macht,
ein ebenso furchtbares Kaiserreich bildete, wie das der alten
Römer, ihrer Vorgänger.

Bei den Leidenschaften und Begehrlichkeiten unserer
Tage bemüht man sich, ich will nicht sagen die Wissenschaft, — welche den Interessen und dem sehnsüchtigen Verlangen der verschiedenen Nationalitäten gegenüber unempfind-
lich und unerschütterlich bleibt, — aber doch die öffentliche
Meinung irre zu führen, welche sich manchmal täuscht und
Fragen, welche von einem falschen Princip herrühren, sich

günstig zeigt. Manche glauben, dass alle diejenigen, welche die griechische Religion bekennen und deshalb die griechische Sprache haben lernen müssen, Griechen von Race und Ursprung sind. Auf diesen Boden stellen sich gewöhnlich die Anhänger des Panhellenismus, um einen Theil der Bevölkerung des Epirus und Macedoniens für sich zu revindiciren; aber nach unserer Darlegung und nach den Beweisen, die wir zu Gunsten unsrer Argumente vorgebracht haben, sind solche Ansprüche unzulässig und unhaltbar vor der Geschichte und vor den Thatsachen, die sich aus dieser ergeben. Auch der Sinn, welchen man den Worten, die Deutung, welche man den Dingen zu geben sich bemüht, sind Nachahmungsarbeit und haben zu wenig Begründung, um von den Menschen geglaubt, von der Wissenschaft sanktionirt zu werden.

Wenn der Islam, indem er die Nationalitätsfrage zu Gunsten des Glaubens bei Seite schob, die Menschen in eine religiöse Einheit gebracht hat, welche fusionistisch wirkte und Aller Wünsche zum Triumph der Gläubigen zusammenströmen liess, so kann diese Thatsache nicht als Prämisse für eine Folgerung dienen, welche zu dem Schlusse führt, dass alle diejenigen, welche in der europäischen Türkei die griechische Religion bekennen, hellenischer Race und Nationalität sind.

Die Identität des religiösen Glaubens hat diese Macht geübt und bei den Mohamedanern, den Begründern des ottomanischen Reichs dieses Phänomen hervorgebracht: aber sie kann nicht als ein Recht, noch als ein Beweis hellenischer Nationalität für die Orthodoxen von Epirus, Macedonien u. s. w. angerufen werden.

Man hört alle Tage die Muselmänner von Epirus, Macedonien u. s. w. Albanesen nennen, dagegen die Christen desselben Landes als Griechen, Hellenen bezeichnen. Die Brochüren und Zeitungen der letzten Zeit haben diese Bezeichnung ewig wiederholt, ohne dass Jemand an ihre

Ungenauigkeit gedacht hätte. Aber diejenigen, welche so ähnliche Unterscheidungen durchgehen lassen, täuschen sich in auffallendster Weise, weil sie eine der einfachsten Betrachtungen unterlassen, nämlich unterlassen, daran zu denken, dass die Muselmänner von Epirus nur Brüder der Christen von Epirus sind, dass sie derselben Race angehören, dass in ihren Adern dasselbe Blut circulirt, dass sie dieselben Vorfahren haben.

Vor der ottomanischen Herrschaft gab es nur orthodoxe Christen, die nach Neigung oder aus anderen Interessen den Islam annahmen, ebenso wie die Muselmänner des oberen Albaniens nur Katholiken waren, welche Mohamedaner wurden, ebenso wie die Muselmänner Griechenlands Griechen waren, die den Islam annahmen.

Die Muselmänner und die Katholiken, welche nicht zur griechischen Kirche gehören, Albaner nennen, wäre dasselbe, wie behaupten zu wollen, dass die Orthodoxen desselben Landes Hellenen seien, weil sie der orthodoxen Kirche angehören: das hiesse den religiösen Glauben dem Princip der Nationalität voransetzen, das hiesse der Race das Dogma substituiren, das hiesse den Ritus dem Vaterlande unterschieben, und das geht nicht an.

Wenn die Völker von Epirus, welche den griechischen Grenzen am nächsten liegen, theilweise die griechische Sprache sprechen, so kann das auch nicht zu Gunsten der befremdlichen Prätention sprechen, die wir oben angedeutet haben. Geographisch, ethnologisch, historisch haben wir bewiesen, dass Epirus und Macedonien niemals Theile von Griechenland gebildet haben: die Race der Einwohner, ihre Sprache, ihre Sitten, ihre civilen politischen und militärischen Einrichtungen, Alles unterscheidet sie von den Griechen. Ebenso wie die Eolier, welche an den Grenzen von Epirus wohnten, eine halb griechische, halb pelasgische Sprache sprechen, ebenso haben die Epiroten an den Grenzen Griechenlands naturgemäss viele griechische Worte

gelernt und vermischen diese mit ihrer eigenen Sprache.
Das ist nichts Wunderbares. Aber nur die an den intim-
sten Grenzen liegenden Epiroten haben griechische Worte
angenommen; je weiter man von der Grenze zurücktritt,
um so seltener wird die griechische Sprache, sie verliert
sich vollständig in den Distrikten *Philate, Margarite, Arg-
hirocastro* u. s. w., wo die Bevölkerung, sei sie musel-
männisch oder orthodox, nur die albanische Sprache in
ihrer ganzen Reinheit kennt.

Ausserdem, wenn die griechische Sprache in einigen
Districten von Epirus, welche an der Grenze Griechenlands
liegen, cultivirt und angenommen ist, so erklärt sich diese
Thatsache erstens aus der geographischen Nachbarschaft,
dann aus der orthodoxen Religion, welche die Gebete in
griechischer Sprache lehrt, und in letzter Linie aus der
Sorglosigkeit der ottomanischen Regierung, welche niemals
daran gedacht hat, den öffentlichen Unterricht auf breiter
Grundlage und in einer für Alle gleichmässigen Art zu
cultiviren.

Bei dem Mangel an von der politischen Autorität eingesetzten Schulen ist der Unterricht des Volks in den
Händen der Priester und der hellenischen *daskals*, und
dient die griechische Sprache bei dem Mangel einer albanesischen oder pelasgischen Literatur sowohl dem Unterricht als den Gebeten.

Diese Thatsache ist um so begründeter, als sich im
oberen Albanien dasselbe Bild betreffs der katholischen
Bevölkerung zeigt; auch dort hat die ottomanische Regierung Nichts für den öffentlichen Unterricht gethan, und
waren es dort Priester und Franziskanermönche italienischen
Ursprungs besonders, welche die Religion lehrten, der
Kirche vorstanden und Schulen eröffneten, in denen man
gleichzeitig italienischen und albanischen Unterricht ertheilte.
Wenn auch die italienischen Geistlichen des oberen Albaniens keineswegs daran dachten, das Volk zu italianisiren

und seine Nationalität zu untergraben, so machte es sich
doch von selbst durch die Nachbarschaft Italiens, durch
die Handelsverbindungen mit Italien und ebenso durch die
Erinnerung an die Herrschaft der Republik Venetien, dass
die italienische Sprache dort Eingang fand. Aber trotzdem
wurde die albanische Sprache als Sprache des Landes
keineswegs proscribirt, weder aus den Gebeten, noch aus
der Kirche. Wir verdanken gerade dem katholischen
Klerus die wenigen Bücher, die in albanischer Sprache
gedruckt sind, und die heute noch existiren, und werden
vielleicht diese Bücher noch dazu bestimmt sein, die Grund-
pfeiler einer bis jetzt allerdings noch nicht existirenden
Literatur zu werden, die vielleicht noch dazu berufen sein
wird, einen mächtigen Platz in der europäischen Civilisation
einzunehmen.

Religion und Sprachstudium, mag es sich nun um
griechisch, italienisch oder türkisch dabei handeln, sind
nur Hilfsmittel zur Förderung der Intelligenz und Morali-
tät eines Volks; aber sie können niemals Einfluss auf die
Race gewinnen, sie können nur die Nationalität umgestalten
— eine Nationalität, welche eins und untheilbar bleibt für
alle Albanesen, für die *Shqypetârs,* mögen sie nun an Jesus
oder an Mohamet glauben, mögen sie dem lateinischen oder
dem griechischen Cult huldigen.

IX.

Wir haben in unserem Exposé klar und zweifellos bewiesen, dass das erste Volk, welches in den Zeiten der
Fabel den griechischen Kontinent betrat, das pelasgische
Volk war. An dieser Wahrheit kann heute Niemand mehr
zweifeln; denn sie ist eingeführt worden in das Gebiet der
historischen Thatsachen, sie ist unwidersprechlich festgesetzt
worden von der Wissenschaft und der Philologie.

Ebenso ist der Nachweis geliefert, dass später andere
Völkerschaften, von anderen Führern geführt, sich über
Griechenland ergossen und sich an die Stelle der Pelasger
setzten, die sie in höher gelegene Gegenden verdrängten,
sich selbst am Meere und auf den Ebenen Griechenlands
festsetzend.

Dieser Rückzug der pelasgischen Race ist stufenweise
erfolgt, und wir sehen, wie durch den Nebel der Zeiten
die Eolier, die Jonier hervorleuchten, die oft unter dem
Namen Hellenen zusammengefasst werden, ein Name, der
mit Recht nur von einem Volksstamm geführt wird, der
in Thessalien wohnte, und wir sehen, wie jeder der oben
genannten Völkerstämme unter jenem Kollektivnamen Hellenen immer von Neuem die Pelasger weiter zurückdrängt.

Später erscheinen die Dorier auf der Bildfläche, welche
nun ihrerseits die Eolier und Jonier zurückdrängten, und
diese nun ihrerseits zogen nach Kleinasien herüber und
gründeten dort eolische und ionische Städte und übertrugen
nach Asien ihre vorgeschrittene Civilisation.

Wir glauben es nicht nöthig zu haben, bei den Riva-
litäten, den Kämpfen länger zu verweilen, welche zwischen
den Joniern und Eoliern, die in Griechenland blieben,
und den Doriern stattfanden, welche sich nach ihnen dort

festsetzten; denn vor uns hat schon Paparigo poulos in seiner ausgezeichneten Geschichte in anziehendster Weise die Verschiedenheit der Ideen, der Sitten, des Charakters, der Neigungen geschildert, welche Jahrhunderte hindurch den Zwiespalt zwischen den beiden Völkern bis zu dem Grade nährten, dass sie sich selbst als von verschiedenen Volksstämmen abstammend ansahen, dass sie selbst von sich behaupteten, dass unter ihnen Nichts gemeinsam sei, als Hass und gegenseitige Feindschaft.

Die Pelasger in sicherer Ruhe auf den Bergen in Epirus, Macedonien und Illyrien hatten und wollten keine Gemeinschaft haben mit der benachbarten Race der Griechen. So lebten sie eine eigene Existenz, so hielten sie an ihren Institutionen, die von denen Griechenlands abwichen, fest, so vermischten sie sich nie mit jenen Griechen, welche sie aus ihren Wohnsitzen vertrieben hatten, und zwischen ihnen und den Griechen entstand ein natürlicher Erbhass.

Nun wird aber behauptet, dass die Griechen selbst nur Pelasger gewesen seien, und dass sie zur Zeit ihres Erscheinens in Europa pelasgisch gesprochen hätten, und dass die griechische Sprache oder die griechischen Wirren erst später durch den Einfluss der Gesänge Homers Eingang gefunden hätten. Diese Behauptung ist richtig, d. h. nur insofern, als es wahr ist, dass die ersten Völker, welche den griechischen Kontinent betraten, die pelasgische Sprache sprachen; aber das bezieht sich nur auf die Pelasger und nicht auf die Volksstämme, welche später Griechenland überzogen und eine ganz verschiedene Sprache sprachen. Die generische Supposition, die man heute aufstellte, ist weder durch die Geschichte, noch durch die Thatsachen begründet. Herodot bezeugt, dass die Hellenen eine eigene Sprache hatten, und dass diese Sprache nur ihre Stammesgenossen führten. Wenn aber alle Griechen im Anfang nur die pelasgische Sprache gesprochen haben, wie wäre es dann möglich, dass die, die zuerst kamen, die wahren

Pelasger, welche sich in ihrer Reinheit erhalten haben, auf der Insel Hydra und auf anderen Inseln des Archipels, ebenso wie auf den Bergen Attika's und in einzelnen Gegenden Samos, die Sprache ihre Vorfahren rein erhalten haben, während die anderen Einwohner derselben Gegenden nicht einmal mehr die Erinnerung an diese Sprache bewahrten?

Wenn die Race und die Sprache dieselbe wäre für Griechen und für Pelasger, so könnte dieses Phönomen nicht existiren. Wenn sie von gleicher Race wären und eine einzige Nation ausmachten, ein einziges Volk, wie könnte es möglich sein, dass sie in der Mitte der Uebrigen allein sich rein erhielten, so wie sie waren, als sie auf dem Kontinent erschienen, wenn alle Anderen sich umwandelten? Ein solches Phänomen hätte nur durch eine allgemeine Umwälzung hervorgebracht werden können; aber wenn dieser Kataklysmus wirklich stattgehabt hätte, so hätte er dieselben Effekte für Alle hervorbringen müssen, nicht allein für Einzelne, indem er die Anderen verschonte.

Uebrigens haben wir absolut nicht den geringsten Anhalt, dass ein solcher Kataklysmus stattgefunden hat.

So sind die Pelasger die erste Race, welche zuerst den griechischen Kontinent bezog und von einer bis zur anderen Seite füllte. Damals sprach man in ganz Griechenland die pelasgische Sprache, denn die Eolier, die Jonier, die Dorier, die Hellenen waren noch nicht auf dem Kontinent erschienen, und die griechische Sprache konnte infolge dessen dort noch nicht gesprochen werden. Aber in dem Augenblick, in dem die Eolier, die Jonier und die Dorier erscheinen, weichen die Pelasger zurück, retten sich vor dem Ansturm der neu Ankommenden und nehmen auf ihrem Rückzuge ihre Sprache, ihre Sitten, ihren Glauben, ihre Götter mit, und überall, wo sie sich niederlassen, fern von Griechenland, auf den höchsten Spitzen der Berge, auf den Klippen des Meeres, da bewahren sie sich alle diese heiligen Güter als theuerstes Vermächtniss ihrer Vorfahren, bewahren sich diese Güter intakt durch alle Zeitläufte, unentwegt von dem politischen und religiösen Wechsel der Jahrhunderte.

Ebenso haben die Hellenen, mögen sie nun Eolier, Jonier oder Dorier sein, sich ihre Sprache erhalten, mag das nun dieselbe Sprache sein, welche sie führten, als sie in Griechenland erschienen, mögen sie sie verändert und verbessert haben, das macht keinen Unterschied. Das aber ist sicher, dass diese griechische Sprache mit wenigen Ausnahmen allen Diesen gemeinsam war, nur dass sie keine Analogie mit der pelasgischen Sprache hatte, es seien denn jene Wortwurzeln, die alle aus derselben Quelle entfliessenden Sprachen zeigen, jene Wurzeln des Arischen und des Sanskrits. Diese Sprache haben die Griechen sich erhalten selbst in den Gegenden, wo sie vermischt mit den Pelasgern wohnten, die ihrerseits ebenso ihre Sprache sich erhalten haben in ihrer ganzen Einfachheit ihres alten Ursprungs.

Wohl haben die Genossen des pelasgischen Stammes, die als solche ihre Sprache erhielten, in einzelnen Fällen die griechische Sprache erlernt, aber wir wüssten nicht, dass Griechen die pelasgische Sprache sprächen, mit ihr noch irgend welche Erinnerung verbänden. In den Werken der alten Griechen finden wir kein Citat keinen Incidenzpunkt, der uns das Gegentheil beweisen könnte.

Um zum Schlusse zu gelangen, wollen wir nochmals wiederholen, dass es wol Männer der besseren Gesellschaft und pelasgischen Stammes gibt, die, während sie gleichzeitig ihre Sprache sich erhalten, welche die Griechen für barbarisch hielten, in der Erkenntniss der Vorzüge der griechischen Sprache diese lernten und mit Vorliebe studirten; aber das Volk, die Seele der Nation, kannte sie nicht, sprach sie nicht. Der von uns erbrachte Beweis ist nicht zu erschüttern.

X.

Nachdem wir an der Hand der Geschichte und der
Ueberlieferungen die Reihe der Jahrhunderte überblickt
haben und bis zu den frühesten Zeiten des Auftretens der
Pelasger auf dem griechischen Kontinent vorgedrungen sind,
haben wir bei den verschiedenen Etappen, welche wir durch-
liefen, Halt gemacht und mit den Beweisen in der Hand
dargelegt, dass die Albaner ihre wirkliche Abkommen sind.

Es erübrigt uns, den Zustand zu skizziren, in dem
sich heute das albanische Volk befindet. Zur Vervollstän-
digung unserer Studie werden wir seine gegenwärtige
Existenz, seine politische Organisation, seine Bedürfnisse,
seine Hoffnungen und Wünsche schildern, und obgleich wir
dem Leser nicht ein regelrechtes und vollständiges Werk
zu bieten vermeinen, schmeicheln wir uns doch wenigstens
Einer der Ersten zu sein, welche über diesen Gegenstand
einen Entwurf mit ziemlich deutlichen Zügen gezeichnet
haben. Die Politiker und Gelehrten werden auch die
nöthigen Elemente finden können, um ihre Forschungen zu
vertiefen und unserer Arbeit die Entwicklung zu geben,
deren sie fähig ist.

Seinen eigenen Instincten überlassen, durchdrungen von
seinen alten Ueberlieferungen, welche ihm Geschichte und
Gesetzgebung ersetzen, einer eigenen Literatur beraubt und
von tausend Schwierigkeiten umgeben, welche dazu bei-
trugen, seine moralische und materielle Entwicklung zu
hemmen, ist das albanische Volk unglücklicherweise zurück-
geblieben, auf demselben Standpunkte stehen geblieben, wie
in den frühesten Epochen seiner Wanderzüge. Mit einem
sehr ausgesprochenen Charakterstolz und einer unwidersteh-
lichen Liebe für seine Race und seine Traditionen begabt, hat

es sich weder mit anderen Racen vermischen, noch seine
eigeue Existenz zu einer höheren Stufe entwickeln können;
auch ist es vom Gesichtspunkt des Fortschritts und der Civilisation von seinen Nachbarn überholt worden, ohne in seinen
edlen nationalen Gefühlen sich die Erhaltung seiner Volks-
thümlickeit, seiner Sprache, seiner Würde und seiner Rechte
ersticken zu lassen. Pelasgisch von Herkunft und pelasgisch
von Herzen liefen alle seine Bestrebungen auf die Erhaltung
seiner Existenz hinaus, und ohne sich um eine vorgeschrittenere
Civilisation zu kümmern, deren Vortheile es noch nicht kennt,
hat es sich mit Dem begnügt, was es wie ein Vermächtniss
seiner Vorfahren besitzt. Tapfer bis zur Verwegenheit, in-
telligent, unermüdlich, mit Wenigem sich begnügend, weder
übertrieben ehrgeizig, noch ungerechte Begehrlichkeiten be-
sitzend, hat es sich mit einer Liebe, die Nichts zu vermin-
dern im Stande ist, an seine Felsen geklammert. Mit rit-
terlichen Gefühlen begabt, in seinen Empfindungen zähe,
voll Achtung der Rechte und der heiligen Gesetze der
Gastfreundschaft und seines Wortes, hat es so viele Jahrhunderte durchlaufen, ohne irgend einem Wechsel zu unter-
liegen, ist es pelasgisch, kriegerisch, ehrenhaft und arm
geblieben.

Das albanische Volk zerfällt in zwei grosse Familien:
die *Guégarie* nnd die *Tosquerie;* die ersteren nennt man das
obere, die andere das untere Albanien. Das obere Albanien
fängt mit *Antivari* an, umfasst alle katholischen Tribus
des Nordens, die Distrikte *Ipek, Pristina, Vrania, Kat-
chanik, Uskub, Perlipé, Monastir, Ohrida* und endet in
Elbassan. Das untere Albanien beginnt in Elbassan und
erstreckt sich bis zum Golf von *Préveza.*

Das untere Albanien theilt sich in drei Familienstämme:
die *Tosques,* die *Tchams* und die *Liapes,* welche den drei
antiken Völkern entsprechen, die früher Epirus bewohnten,
nämlich den *Chaons,* den *Thesprotes* und den *Molosses.*
Diese drei Familien zerfallen wieder in kleinere Triben,

die *Phares,* die an die 14 alten Tribus, erinnern, deren die klassischen Schriftsteller, vor Allem Theopomp, den Strabo citirt, Erwähnung thun. Das obere Albanien zerfällt nicht in grosse Familienstämme und ist im Gegentheil von einer Anzahl von Tribus, Clans, bewohnt, welche, wenn auch nicht vollständig in ihrer gegenwärtigen Bezeichnung, so doch in ihrer Anzahl mit den Völkerschaften correspondiren, die die Alten citiren, und deren Bezeichnung man vollständig bei Plinius findet. So correspondiren die gegenwärtigen Tribus *Hot, Klémend, Kastrat, Chkriél, Châla, Choche, Mirdita, Mertour, Krasnik, Témal* etc. mit den *Ballaï,* den *Nésti,* den *Manli,* den *Encheleï,* den *Tauletni,* den *Autoriates,* den *Ardoéi* etc. der Alten.

Für den Namen *Toskere,* welcher gewöhnlich das untere Albanien bezeichnet, finden wir keine entsprechende Bezeichnung.

Für den Namen der *Gegaren* finden wir eine entsprechende Bezeichnung bei Homer: Jenseits der Berge Acrocerauniens wohnen die Gigas ($\gamma\iota\gamma\alpha\varsigma$), sagt der Vater der Poesie.

Das Wort $\gamma\iota\gamma\alpha\varsigma$, Gigas, bedeutet Riese. Da nämlich die Bergbewohner des unteren Albaniens von weit über das Mittelmass hervorragender Figur sind, hielten die Alten sie für Riesen und bezeichneten sie so. *Gigas* und *Gegas* ist dasselbe Wort und bedeutet dasselbe.

Es steht fest, dass die Häupter der Clans des oberen Albaniens früher den Titel *Gegas* $\gamma\iota\gamma\alpha\varsigma$, annahmen und entsinnen wir uns, ein Schriftstück mit eigenen Augen gesehen zu haben, das von dem ersten *Kadi* erlassen war, dem von dem ottomanischen Gouvernement im Distrikt *Doukagin* im 15. Jahrhundert unmittelbar nach dem Tode von Skander bey eingesetzten Richter. In diesem Dokument heisst es, dass der *Gega Lésh,* der *Gega Dod,* der *Gega Tanouch* und ein anderer *Gega,* dessen Name uns entfallen ist, die Berge von *Pochterrik* verlassen, um sich in

Mirditien niederzulassen. Dieses Dokument, in welchem die Vorfahren des Chefs von *Mirditien* aufgeführt wurden, war im Besitz des verstorbenen *Bib Doda pascha*; er zeigte es uns vor seinem Tode; wir lasen es selbst und sind sicher, dass sein Sohn *Prenk pascha* es noch besitzt.

Da eine regelmässige Volkszählung niemals in Albanien vorgenommen worden ist, so ist es unmöglich, die wahre Bevölkerungsziffer zu kennen; nach offiziellen Mittheilungen und privaten Informationen können wir jedoch, ohne zu sehr zu irren, annehmen, dass die Bevölkerungsziffer zwischen 1,800,000 und 2,000,000 Seelen schwankt. Von diesen gehören 1,200,000 dem oberen Albanien, der Rest ist Unteralbanien.

Diese Bevölkerung, die dieselbe Sprache spricht, dieselben Sitten hat, dieselben Gewohnheiten und Traditionen sich bewahrt, zerfällt in die drei Religionen der Muselmänner, Orthodoxen und Katholiken.

Die Muselmänner bilden die eine Hälfte, während sich die andere Hälfte in Orthodoxe und Griechen theilt. Die Muselmänner mit den Katholiken zusammengenommen betragen $\frac{2}{3}$ der Bevölkerung, während die Orthodoxen nur $\frac{1}{3}$ ausmachen.

Das Land ist zum grossen Theil bergig und gegen fremde Einfälle leicht zu vertheidigen. Die am Meere gelegenen Länderstriche sind sehr fruchtbar. Die Thäler von *Boyana, Mathia, Scumbi, Argenti, Voyoussa, Drin, Bistritsa, Vardar* etc. umfassen viele sehr produktive Länderstriche; aber die Art der Bebauung ist absolut primitiv, und werden lange nicht die Erfolge erzielt, die ein rationeller Landbau aufweisen könnte. Mit etwas grösserer Aufmerksamkeit, auf die Landwirthschaft verwendet, wäre leicht ein Erfolg zu erzielen, der nicht nur dem inneren Konsum entspräche, sondern auch bedeutende Ueberschüsse für den Export geben würde, ein Export, der die Unterlage eines

ausserordentlich lukrativen internationalen Handels sein
würde.

Uebrigens treibt das albanische Volk mehr Viehzucht
als Ackerbau. Viehzucht wird überall getrieben und bildet
die vornehmste Quelle des Reichthums des Landes.

Es gibt in Albanien grosse Wälder, Wasserkräfte und
Minen aller Art, die leider unbenutzt brachliegen. Die
Localindustrie ist im Stadium der ersten Kindheit, und alle
Schwierigkeiten, die sich stets der Entwicklung eines Na-
tionalreichthums entgegengestellt haben, zu denen die Gleichgiltigkeit gegen alles Materielle, und der kriegerische Charakter der Bevölkerung Viel beitrug, haben das Land in
einem Zustand traurigster Armuth gelassen, so dass es
hinter der modernen Civilisation am meisten zurückge-
blieben ist. Ueberall ist die Natur wundervoll, die Land-
schaft herrlich, die Berge sind grandios, und die griechische
Mythologie verlegte mit Recht auf sie den Sitz der Götter
und Musen. Lachende Fluren werden von wasserreichen
Flüssen durchzogen, an deren Ufern jungfräuliche mächtige
Wälder stehen. Es ist ein Land, das zum Sang und zur
Poesie ermuntert, das kräftige, intelligente, muthige Männer,
schöne, tugendhafte, glaubensreine Frauen zeugt.

Bei etwas mehr Civilisation, bei etwas besseren Verhältnissen würde Albanien nicht nur Nichts der Schweiz
nachzugeben haben, sondern im Gegentheil, Albanien würde
die Schweiz sehr schnell übertreffen an Schönheit, Poesie
und Kraft.

XI.

Das Leben, das man in Albanien führt, ist absolut primitiv und patriarchalisch. Jeder Clan hat sein Oberhaupt und seine Aeltesten, die gemeinschaftlich regieren und nach den alten Gebräuchen und Sitten, die auf dem Rechte der Wiedervergeltung: Auge um Auge, Zahn um Zahn, beruhen, Recht sprechen. Das Haupt und die Aeltesten des Clans erhalten ihre Stelle durch Erbgang. Aber diese Stelle ist, was das Recht angeht, absolut nicht exceptionirt. Das Haupt und die Aeltesten sind in Fragen des öffentlichen und Privatrechts ebenso straffällig, wie jeder Gemeine, und sind denselben Gesetzen unterworfen: ein Chef, der tödtet, wird getödtet, damit ist Alles gesagt.

Ohne auf Einzelheiten einzugehen, die nicht in den Rahmen unserer Arbeit passten, werden wir einige Züge der gewöhnlichen Gesetze, die den Verkehr der Bevölkerung unter sich regeln, in Kürze mittheilen.

Wer mordet, wird von den Nachkommen des Ermordeten selbst ermordet; kann man den Mörder selbst nicht treffen, so trifft man seinen Vater, seinen Sohn, seinen Bruder, seinen Vetter. Ja sogar, wenn der Mörder selbst und seine Familie sich der Vendetta zu entziehen weiss, so tödtet man irgend ein sonstiges Mitglied des betreffenden Clans.

Wer stiehlt, wer raubt, muss den Raub doppelt ersetzen und ausserdem eine Strafe zahlen, die dem Chef und den Aeltesten verfällt. Der Mann, der beim Raub erschlagen wird, stirbt ehrlos.

Der Raub einer verheiratheten Frau steht dem Morde gleich, der Räuber oder einer seiner Verwandten muss von dem beleidigten Gatten oder dessen Verwandten getödtet werden·

4

Eine Braut, die sich mit einem Andern vermählt, gibt dem verlassenen Bräutigam das Recht, ihren Vater, ihren Bruder, ihren Onkel oder ihren Vetter zu tödten.

Der Ehebruch wird mit dem Tode bestraft; der Gatte hat das Recht, den Ehebrecher zu tödten, wenn er ihn bei seiner Frau trifft, oder wenn sonst der Ehebruch zweifellos ist.

Ein Schuldner muss seine Schulden zahlen, sei es in Natur oder in Geld.

Das Eigenthum ist heilig; Niemand hat das Recht, fremdes Eigenthum zu verlangen. Alle Grenzstreitigkeiten werden von den Aeltesten entschieden, die unter Umständen dabei den Schwur auf den Stein leisten müssen. Gegen den Rechtsspruch der Aeltesten gibt es keinen Appell; derselbe ist sofort executabel.

Diese Gesetze sind für Alle gleich ohne Unterschied der Religion. Wenn ein Muselmann einen Christen tödtet, so tödtet umgekehrt ihn ein Christ. Wenn ein Muselmann einen Christen tödtet, so ist ein Muselmann des Clans des Getödteten gezwungen, als Verwandter des Todten den Muselmann zu tödten, der gemordet hat, und umgekehrt, wenn ein Christ einen Muselmann tödtet.

Der Gastfreund ist heilig; die Pflichten der Gastfreundschaft dürfen unter keinem Vorwande verletzt werden. Der, der einen Gastfreund verletzt oder tödtet, ist entehrt, der Clan treibt ihn aus, und Niemand darf mit seiner Familie mehr zu thun haben. Diese Schande ist ewig, und selbst das Blut kann sie nicht verwischen. Der, der den Gastfreund eines Andern tödtet, schuldet diesem „vierzigmal Blut," das der Clan dessen, der Gastfreundschaft übte, zu fordern hat von dem Clan dessen, der den Gastfreund verletzte.

Der Mann, der eine Frau tödtet, ist ehrlos und fällt diese Ehrlosigkeit auf alle Mitglieder seiner Familie; man nennt sie Frauentödter.

Ebenso wie jeder Clan sein Haupt hat, so hat jede

Familie das ihre, und das ist jedesmal der Aelteste der Familie. Die älteste Frau des Hauses steht dem Hauswesen vor, und wie das Leben überhaupt sehr patriarchalisch ist, so sind die Familien sehr kopfreich; es gibt Familien, die 100—120 Häupter zählen. Die Männer führen die Befehle des Oberhauptes aus, und dieses verfügt über Alle und Alles ohne Widerrede. Man folgt ihm mit blindem Gehorsam; denn das Ansehen des Aelteren ist unbegrenzt. Die Führerin des Hauswesens übt dieselbe Macht gegenüber den Frauen und Mädchen aus. Hat ein Mitglied einer Familie sich über ein anderes zu beschweren, so ist es das Haupt des Hauses, das urtheilt, straft, versöhnt, je nach den Umständen. Sich gegen die Entscheidung des Oberhauptes auflehnen, entehrt.

Der Albanese ist mässig und begnügt sich mit einem frugalen Mahle. Maisbrot, Käse und Milch sind seine gewöhnlichen Nahrungsmittel; er trinkt Wasser; Wein und Branntwein nur in geringen Portionen. Seine Kleidung ist leicht, Kälte und Hitze fechten ihn nicht an, Ermüdungen und Entbehrungen trägt er mit stoischem Gleichmuth. In seiner Liebe, in seinem Hasse kennt er keine Grenzen; weder seine Freude, noch seinen Schmerz sucht er zu verbergen; er lacht und weint ohne Verstellung. Die Freundschaft ist ihm heilig, seine Treue erprobt. Leicht geräth er in Begeisterung, ist empfänglich für alle schönen, grossen, glänzenden Ideen: er ist Poet. Ja selbst der zum Tode verurtheilte albanische Bergbewohner singt auf dem Gange zum Richtplatze lächelnd sein Lied, ohne Uebermuth, ohne Schwäche, während ihm seine Mutter, seine Verwandten folgen, das Herz im Schmerz brechend.

Das Gewehr und der Yatagan sind die Lieblingswaffen des Albanesen, vor Allem ist das Gewehr sein Genosse, sein unzertrennlicher Freund. Er pflegt es und liebt es mit aller Zärtlichkeit, er schwört bei seinen Waffen, wie er bei seinem Gott oder bei seiner Ehre schwört. Schöne Waffen sind sein Stolz, sein Ruhm.

XII.

Bis zum Jahre 1831 war Albanien von den nationalen Chefs regiert. Jede Stadt von irgend welcher Bedeutung hatte ihren Pascha oder ihren Bey, der seine Macht von seinen Vorfahren her ererbte. Die hohe Pforte achtete diesen Gebrauch und bestätigte die Führer.

Albanien war in zwei grosse Gouvernements vertheilt, deren Hauptstädte *Scutari* und *Jannina* waren. Dem Pascha von Scutari standen zur Seite alle Pascha's und Bey's des oberen Albanien, ebenso wie dem Pascha von Jannina zur Seite standen die Pascha's und die Bey's des unteren Albaniens.

Diese beiden Pascha's sind gewissermassen als Feudalherren anzusehen; ihrer Suzeränität unterstanden die Pascha's der anderen Plätze, ebenso wie die Chefs der Bergstämme, die ihre Suprematie anerkannten, ihren Befehlen gehorchten.

Man hat oft behaupten wollen, dass zwischen den *Gueges* und den *Tosques* von Alters her ein Zwiespalt geherrscht hat, ein gewisser erblicher Hass. Es giebt keine fälschlichere Behauptung. Wenn jener Zwist unter ihnen ausbrach, so hat man denselben nicht dem Bewusstsein des Volkes zuzuschreiben, sondern es ging dieser Zwist höchstens hervor aus der Rivalität der Pascha's von *Scutari* und der von *Jannina* und hatte somit nur einen persönlichen Charakter, der vom Ehrgeiz der betreffenden Familien dictirt wurde. Die Völker unterstützten sie zuweilen, aber im Innersten ihres Herzens nahmen sie keinen Theil an ihrem Zwist; denn immer, wenn es sich darum handelte, für das Kaiserreich zu kämpfen, standen die *Gueges* und die *Tosques* Schulter an Schulter. Niemals herrschte dann zwischen ihnen ein anderer Wetteifer, als Der, sich vor Anderen auszuzeichnen durch Tapferkeit, Treue und Bravour. Die *Gueges* und die *Tosques* gehören derselben Familie an; es sind Brüder, die unter demselben Dache wohnen, sich an demselben Heerde wärmen.

Bis zu dem oben angeführten Zeitpunkte war die Lage Albaniens glänzend; das Land war reich, glücklich, mächtig, seine militärische Kraft bedeutend. Zu einer Zeit, in der die Herrscher der mächtigsten Länder Europa's kaum 100,000 Mann unter die Waffen rufen konnten, konnte Albanien eine Armee von 60—80,000 Menschen aufstellen.

Es ist unnöthig, besonders hervorzuheben, dass die Truppen Albaniens sich immer auszeichneten durch ihre Bravour, durch ihren militärischen Geist, aber ebenso durch ihre Treue und ihre Anhänglichkeit an den Sultan. Ohne auf die alte Zeit zurückgreifen zu müssen, finden wir den Beweis in den jüngsten Tagen: *Yavor, Plevna* und *Chipka* bieten lautredende Beispiele für die Tapferkeit der albanischen Bataillone und sprechen ebenso laut für ihre Widerstandszähigkeit in der Vertheidigung, wie für die Kraft ihrer Angriffe. Die russischen Soldaten wissen davon zu sprechen und sind gerecht genug, ihnen alle Ehre zukommen zu lassen. Ebenso haben die albanischen Soldaten es verstanden, stets allein ohne Hilfe ihr Land zu vertheidigen gegenüber feindlichen Angriffen; sie waren es, die die ottomanische Herrschaft in Rumelien vertheidigten.

Albanien hat dem ottomanischen Reiche seine besten Grossveziere, seine besten Generale geliefert. *Kuprula Mehmed Pascha, Ahmed Pascha, Loutfi Pascha, Sinan Pascha, Baïraktar Moustapha Pascha* und so viel andere Staatsmänner und Generale, deren Verdienst grenzenlos ist, haben in den schwierigsten Zeitläuften, sei es die Leitung der Geschäfte, sei es den Oberbefehl der Armeen übernommen und haben durch ihre Geschicklichkeit, durch ihren Muth sowohl den Sieg über den äusseren Feind davongetragen, als sie über die inneren Schwierigkeiten hinweghalfen, um so die Kraft und die Macht des Kaiserreichs, welches schlechte Verwaltung, Unfähigkeit und Korruption der Minister zu verschiedenen Malen an den Rand des Untergangs geführt hatten, zu regeneriren und aufrecht zu erhalten.

Das albanische Element war zu allen Zeiten seinen Prinzipien treu. Stets haben die Albanesen ihren Souverain geliebt und lieben ihn noch; sie lieben ihr Vaterland und seine Traditionen mit der ganzen Kraft ihrer Seele, mit der ganzen Energie ihres Charakters.

Unglücklicher Weise haben die Männer, die der Verwaltung des Landes vorgesetzt waren, es leider nicht verstanden, beim Wechsel des Verwaltungssystems dem neuen System Kraft und Ansehen zu verschaffen, und so haben die unbestimmten Verhältnisse Verwirrung in die Verwaltung, in die öffentliche Meinung gebracht. Der alten Verwaltung beraubt, einer neuen Verwaltung unterstellt, neuen Gesetzen unterworfen, die weder voll durchgeführt, noch voll angewandt wurden, wurde Albanien von den ewig wechselnden Regierungen, ewigen Experimenten, ewigen Aenderungen ohne Plan, ewigen Massregeln ohne leitenden Gedanken anheimgegeben, und so schwankt die öffentliche Meinung verwirrt zwischen der Erinnerung an die Vergangenheit, zwischen dem Erstaunen über die Gegenwart, zwischen der Unsicherheit vor der Zukunft umher.

In diesem bejammernswerthen Zustande der Dinge kann das albanische Volk kein Vertrauen mehr haben zu den von Konstantinopel gesandten Verwaltungsbeamten; es muss sie wie Fremde betrachten, denn sie kennen weder die Sprache des Volks noch seine Geschichte, noch seine Sitten, noch seine Traditionen, noch seine Neigungen. Unter so misslichen Bedingungen hat man keine Liebe zur Autorität, man erträgt sie wie eine Nothwendigkeit, ohne sich zu beklagen, denn man wusste, dass es so der Wille des Sultans sei, dessen erhabene Person der Gegenstand der Liebe und der Verehrung aller ist. Dies Gefühl zittert in den Herzen aller Albanesen.

Unglücklicher Weise ist auch bei den von Konstantinopel geschickten Pascha's nicht immer eine glückliche Wahl in der Person getroffen worden; viele von ihnen bewiesen, dass sie keine Liebe zum Lande hatten, dass sie das Volk nicht verstanden, dass sie den Anforderungen ihrer Stellung nicht gewachsen waren. Sie haben weder die Macht, die sie hatten, nützlich gebrauchen können, noch haben sie die Hilfsmittel, die sie aus dem Lande hätten ziehen können, verstanden; sie haben weder dem Interesse ihrer Regierung dienen können, noch der Wohlfahrt des von ihnen regierten Landes. Sie haben ihren Auftrag schlecht ausgeführt.

So kommt es, dass die Verhältnisse Albaniens unter dem Einfluss des neuen Systems, das man in die Verwaltung hatte einführen wollen, immer schlechter geworden sind, weil eben dieses System unzulänglich und unvollständig war, und weil andererseits die Männer, die beauftragt waren, es in Anwendung zu bringen, das System selbst nicht verstanden, oder wenigstens so thaten, als ob sie es nicht verständen. Die Aufnöthigung eines unvollständigen und dem Bedürfniss der Völker, denen es dienen sollte, wenig angepassten Systems hat weit gefehlt, die Garantie des Wohlbefindens dieser Völker zu vermehren. Man sehnt sich zurück nach einem allerdings primitiveren Systeme, dessen Art der Handhabe jedoch schon durch Jahrzehnte in das öffentliche Bewusstsein übergegangen war. Man sehnt sich zurück aus einer Zeit, in der die Regierungsmaschine in's Schwanken gerathen, in der Verwirrung in alle Zweige der Verwaltung geworfen ist, und so alle Quellen des Wohlstands erstickt sind. Der Handel liegt darnieder; ihm fehlen die Verkehrsstrassen, ihm fehlt die Sicherheit. Die Landwirthschaft leidet unter den grössten Schwierigkeiten, die Gewerbe können sich nicht heben, da sie nicht ermuthigt, da sie nicht geschützt werden. Der öffentliche Unterricht hat keine Fortschritte gemacht, es fehlt an Schulen. So musste der Reichthum der Vergangenheit dem Elend der Gegenwart weichen. Trägheit und Misstrauen haben den Handel erstickt, Ermüdung und Gleichgültigkeit haben auf dem Gebiete des Landbaues, der Gewerbe den Platz des früheren Fleisses eingenommen. Die alte Unwissenheit, die durch die der inneren Natur innewohnenden Tugenden, durch den Respect vor der persönlichen Würde gemildert wurde, ist einer Unwissenheit gewichen, die gewissenlos, gleichgültig durchs Leben wandert, eine Tochter des Unglücks.

Diese traurigen Verhältnisse, welche auf der ganzen Nation lasten, lasten trotzdem schwerer auf den Muselmännern, als auf den Christen. Der Kriegsdienst, der in den letzten Jahren so ausserordentlich drückend war, hat sie decimirt, und indem er den Arbeiten die kräftigsten Arme entzog, hat er dazu beigetragen, das Unglück zu vermehren, eine unzählige Anzahl von Familien ihrer Ernährer zu berauben, und hat sie somit aller Hilfsmittel entkleidet.

Ausserdem hat Europa, das für die Christen eintrat, kein Wort des Mitleids für die Muselmänner gehabt. Das ist erschrecklich!

Wenn das Bild mit düsteren Farben gemalt sein musste, dass wir von dem gegenwärtigen Stande des albanischen Volks entwarfen, so darf man dennoch nicht vergessen, dass dieses Volk immer noch gross ist, dass sein Herz noch schlägt, und dass die Bedingungen der Lebensfähigkeit, des Wachsens und des Gedeihens ihm keineswegs fehlen. Das Unglück, das über das Volk hereingebrochen, hat es schwer geschädigt, hat es aber nicht niederbrechen können. Fortschritt und die Möglichkeit des Wiederaufkommens ist in dem Augenblick da, wo die kaiserliche Regierung, der das Land aus treuester Seele anhängt, ihm hilfreiche Hand bietet, um sich aus seiner gegenwärtigen traurigen Lage zu erheben.

XIII.

Nur die Feinde des ottomanischen Reichs oder Solche, die absolut nichts von Leuten und Dingen verstehen, haben den Gedanken aufbringen können, als verlange das albanische Volk, sich von der ottomanischen Pforte loszureissen, und als suche es eine Kombination, die es in die Lage setzte, sich in autonomer Form selbst zu regieren. Nichts ist fälschlicher, Nichts ungerechter.

Die Albanesen, die es verstanden haben, durch den Lauf der Jahrhunderte sich ihre eigene Existenz zu bewahren, die sich ihre Sprache, ihre Sitten, ihren Charakter rein erhalten haben, sind davon überzeugt, dass, wenn sie unter die Herrschaft einer anderen Macht, sei es, welche es wolle, fallen, dann für sie alle diese Vorzüge verloren wären. Jede Transformation, die ihre Sprache, ihre Sitten, ihre Gebräuche, ihre Nationalität angriffe, wäre für die Albanesen das höchste Unglück, und sie wünschen viel zu sehr, Albanesen zu bleiben, um sich mit leichtem Herzen einer solchen Eventualität preiszugeben.

Ebenso wissen die Albanesen, dass, da sie in drei Religionen zerspalten sind, und der öffentliche Unterricht sich noch in embryonischem Zustande befindet, es ihnen nicht leicht fallen würde, sich selbst zu regieren, ohne dass eine starke Hand sie leitet, sie führt: sie haben eine Macht nöthig, die sie nach Umständen zurückhält, nach Umständen vorandrängt, die ihren Elan mässigt, ihre Trägheit aufmuntert.

Sich selbst und ihren Instinkten überlassen, würden sie das Bild ewiger Zwistigkeiten bieten, die schliesslich in Bürgerkrieg ausarten müssten, und sie sind sich wohl bewusst, was Bürgerkrieg bedeutet.

Ausserdem sind sie davon überzeugt, und die Erfahrung von fünf Jahrhunderten hat es ihnen bewiesen, dass ihre stricte Union mit dem ottomanischen Reiche ihr einziges Heil ist. Diese Union garantirt ihnen ihre weitere Existenz nach ihren eigenen Neigungen, denn sie streckt ihre Hand nicht aus nach ihrer nationalen Idee, nach ihrer Sprache, nach ihren Ueberlieferungen; sie verändert nicht den Charakter des Volks, sie bedroht nicht seine Existenz, was Race und Nationalität angeht.

Diese Ideen, oder um politisch zu sprechen, diese Speculationen, haben die albanische Race unzertrennlich mit dem Schicksal des Kaiserreichs verbunden; diese Ideen und dieser Geist sind in ihrer ursprünglichen Kraft noch immer mächtig; sie sind das logische Resultat der Situation. Wie Albanien nicht weiter leben kann, als unter einer Herrschaft, die seine Existenz, seine Sitten, seine Ueberlieferungen, seine Nationalität respectirt, so hat umgekehrt das ottomanische Reich bis jetzt alle diese Bedingungen erfüllt. Abgesehen von der unglaublichen und undenkbaren Anomalie, welche die Ablösung der Muselmänner von Albanien und ihre Trennung vom Khalifat, das sie verehren und wie ein religiöses Dogma respectiren, sein würde, kämpfen noch alle die Umstände, die wir soeben unserem Leser vorgeführt haben, siegreich gegen eine solche Idee und machen augenfällig die schlechten Absichten oder die Ignoranz all' Derer, welche durch perfide Insinuationen oder Gemeinplätze den Versuch machen, die öffentliche Meinung in ihrem Sinne zu verändern und Misstrauen bei der kaiserlichen Regierung zu säen.

Die Ereignisse, welche sich in Bulgarien entwickelt haben, bedeuten Nichts; man kann aus denselben keineswegs einen Schluss ziehen, aus dem man beweisen wollte, dass Aehnliches sich in Albanien zutragen könnte. Zwischen den Muselmännern Bulgariens und den christlichen Bulgaren hat sich von Alters her eine Entfremdung herausgestellt, welche

in Hass ausartete, und welche die beiden Elemente in einem
Zustande vollständiger Trennung erhielt. Bei beiden schlum-
merten schon lange die Keime, die später zu so traurigem
Ausgang kamen. So erklärt es sich, dass ein Ausbruch
nicht nur möglich, sondern unvermeidlich war; denn unglücklicher Weise hatte man Nichts gethan, um ihn zu
beschwören. Das Schicksal trieb weiter, und die Staatsmänner liessen sich treiben.

Aber für Albanien liegen die Sachen ganz anders. Die
Muselmänner Albaniens sind Albanesen, wie die Christen;
sie sprechen dieselbe Sprache, sie haben dieselben Sitten,
sie folgen denselben Gebräuchen, sie haben dieselben Traditionen; sie und die Christen haben sich niemals gehasst,
zwischen ihnen herrscht keine Jahrhunderte alte Feindschaft.
Der Unterschied der Religion war niemals ein zu einer
systematischen Trennung treibendes Motiv; Muselmänner
und Christen haben stets, mit wenigen Ausnahmen, auf
gleichem Fusse gelebt, sich der gleichen Rechte erfreuend,
dieselben Pflichten erfüllend. So sind die Bedingungen
keineswegs dieselben, und ist es Thorheit, Vergleiche zu
ziehen oder einen Präcedenzfall constatiren zu wollen.

Alles, was wir gesagt haben, beweist, dass es nöthig
und unvermeidlich ist, den Albanesen eine starke, homogene,
compacte Reorganisation zu bewilligen, welche mit den Bedürfnissen und dem Charakter der Bevölkerung in Einklang
ist, und dass es ebenso nothwendig ist, das Land durch ra-
dicale Reformen in den Stand zu setzen, seine Intelligenz,
seinen Reichthum, seine militärische Kraft zu entwickeln.

Da man zugeben muss, dass das Wohlbefinden des
Kaiserreichs die Bedingung *sine qua non* der Existenz Albaniens und seiner Wohlfahrt ist, so folgt daraus, dass die
Entwicklung Albaniens nicht allein nicht den Interessen
der kaiserlichen Regierung entgegenläuft, sondern im Gegentheil, dass die Entwicklung Albaniens ein neues Element
der Kräftigung, eine Garantie der Ordnung und eine

Compensation für die Verluste sein würde, mit denen Europa in den letzten Kriegen das Kaiserreich geschwächt hat.

Es bedarf keines grossen Aufwandes von Phantasie, um zu begreifen, von wie schwerwiegendem Interesse, ja sogar von welcher Nothwendigkeit es für die kaiserliche Regierung ist, mit Ernst an diese Frage zu denken. Es bedarf keines näheren Beweises, dass die kaiserliche Regierung nichts Besseres thun könnte, als wie wenn sie ihre wahren Interessen in Einklang setzte mit den Wünschen, mit dem Verlangen des albanischen Volks. Sie hat dabei nur zu gewinnen, sie kann Nichts dabei verlieren.

XIV.

Nun stellt sich uns die Frage entgegen: welches ist denn die Organisation, deren Albanien nöthig hat, um in den Stand zu kommen, seine localen Ressourcen zu entwickeln, zu gedeihen? Die Antwort auf diese Frage ist oft versucht worden, bisher aber nur schlecht gelungen. Welchen Umständen ist das zuzuschreiben?

Es ist lange Jahre her, seit Gibbon schrieb: „Das Innere Albaniens ist weniger bekannt, als das Innere Afrika's." Ist dieser Satz etwa paradox? Im Gegentheil, wenn man ansieht, was man heute noch über unser Land spricht und denkt, sind wir gezwungen zu glauben, dass Gibbon Recht hatte, und dass die Sachlage sich keineswegs geändert hat. Man kennt Albanien nicht, und darum hat man ihm keine entsprechende praktische Organisation geben können, welche sowohl für die kaiserliche Regierung, wie für die Bevölkerung von Nutzen gewesen wäre. Statt Albanien im Grossen und Ganzen zu studiren, ist man immer im Detail bei gewissen partiellen Fragen stehen geliehen. Die Leute, die sich mit den Fragen beschäftigten, kannten die Sprache, den wahren Charakter, die Tradition des Volkes nicht, und waren so auf die Auskunft ignoranter oder incompetenter Leute angewiesen. Ebensowenig waren alle Diese in der Lage, sich von den Wünschen der Bewohner, von den natürlichen Hilfsquellen des Bodens und von den Vortheilen der gegenwärtigen Situation Rechenschaft geben zu können. So ist es kaum wunderbar, wenn das Land sich in einem Zustande der Noth, der Unzulänglichkeit der Mittel, der Verwirrung in der Verwaltung, des Elends, der Entmuthigung befindet.

Bei der Formation der *Vilayets* hatte man nur ein Ziel, nämlich die Städte und Dörfer in genügender Anzahl

zu verbinden, um ziemlich mächtige Populationsgruppen
zu bilden; aber man hat sich nicht Rechenschaft gegeben
weder von der Homogenität dieser Gruppen, noch von der
Verschiedenheit der Racen, der Sprachen, der Gebräuche
und der Sitten Derer, aus denen sie sich zusammensetzen.
Die, die naturgemäss zusammengehörten, hat man getrennt,
und umgekehrt hat man Diejenigen zusammengeschweisst,
welche nicht zusammengehören und so dazu kamen, in
ewigem Widerstreit ihre gegenseitigen Kräfte zu neutrali-
siren, wodurch gleichzeitig jede Thätigkeit der Regierung
brachgelegt, die Entwicklung der Hilfsquellen des Landes
zurückgehalten wurde.

Dementsprechend hat man auch Albanien in drei
Vilayets getrennt: Scutari, Jannina und Monastir. Neulich
hat man eine neue Vertheilung vorgenommen und das
Vilayet von Kossova, zusammengesetzt aus den *Sandjaks*:
Pristina, Novi-Bazar, Prisren, Uskub, Débré, Nisch und
Charkeui, gebildet. Monastir wurde ohne ersichtlichen
Grund mit Saloniki verbunden. Das *Vilayet* von Jannina
ist gebildet worden aus dem *Sandjak* Jannina, aus Prévéza,
Argiro-Castro, Bérat und Larissa. Auf diese Weise sind
Nisch und Charkeui, die der Mehrzahl nach von Bulgaren
bewohnt sind, und Novi-Bazar, welches stets ein Theil
Bosniens war, mit einer Provinz des oberen Albaniens ver-
bunden worden, und ebenso ist Larissa, ein Land Thessaliens,
mit Unteralbanien zusammengeworfen worden.

Nach unserer Ansicht hätte die Eintheilung Albaniens
in drei *Vilayets* schon genügt, um die Wohlthat einer
gleichmässigen Verwaltung unmöglich zu machen.

Das alte Axiom, der alte Satz: *„divide et impera!"*
hat sich überlebt, der Zug der Zeit geht nach Vereinigung,
und jeder Versuch, zu entzweien, führt nicht zur Kraft,
sondern wendet in seinem Resultat die Kraft zur Vernich-
tung. Wir haben nicht nöthig, besonders zu erwähnen,

dass dieses letztere Resultat erreicht ist; es ist klar und deutlich für Jeden, der sehen will.

Eine lange und traurige Erfahrung lehrt uns, dass, seitdem Albanien seine alte Form der Verwaltung genommen ist, seitdem es in drei Provinzen von Leuten regiert wird, die das Land, die Sprache, die Sitten der Bewohner nicht kennen, — das Land viel von seinem Glanz, seiner Kraft, seinem Reichthum, seinem Wohlstand verloren hat. Die Gesetze des *Tanzimat* und die Reformen, welche man zu verschiedenen Malen einzuführen versucht hat, haben keine Wurzel im Lande fassen können, da stets die Thätigkeit des einen Gouverneurs durch die Thätigkeit Dessen brachgelegt wurde, der ihn zu ersetzen kam. Die einen waren Reactionaire, die nur in der Vergangenheit Vorzügliches sahen, die Anderen stürmten voran und drängten zu Neuerungen, welche die Bevölkerung nicht verstand.

Die Gerechtsamen und Privilegien der Bergbewohner stehen im Gegensatz zu der Art der Verwaltung, die für die Bewohner des platten Landes gut scheint. Die Nachbarländer Montenegro's und Serbiens wurden mit der Aushebung verschont, während die anderen derselben zwangsweise unterworfen wurden. So war überall Mangel an Einheit, Mangel an Gleichmässigkeit, Mangel an ausgleichender Gerechtigkeit, statt dessen Verwirrung und Missbrauch in allen Zweigen der öffentlichen Autorität. Erwähnen wir noch den lästigen Passzwang, um von einem zum anderen *Vilayet* zu gelangen, der nichts Anderes hiess, als dass die Leute der einen Stadt Albaniens der anderen Fremde seien, und sagen wir noch, um das Absurde des Systems vollständig klar zu machen, dass eine grosse Menge von Steuern, Zöllen und andere Vexactionen eingeführt wurden, welche, ohne der kaiserlichen Regierung Nutzen zu bringen, nur den Schein erweckten, als wolle man eine Trennung hervorrufen, als wolle man künstliche Ungleichmässigkeit aufstellen zwischen Leuten desselben Landes, derselben Race.

Alle diese Unzulänglichkeiten dauern so lange, wie man fortfährt, Albanien in drei getrennten Theilen, mit drei verschiedenen Administrationen zu verwalten. Vierzig Jahre des Niedergangs und vergeblicher Experimente beweisen, dass unsere Ansicht auf Erfahrung, dass sie auf Thatsachen beruht, wogegen Worte und Hypothesen nicht kämpfen können.

Jeder neue Versuch im Sinne einer Trennung würde die Situation nur noch verschlimmern, würde die Entmuthigung vermehren und würde den letzten Lebensnerv des Landes zerschneiden.

Es liegt demnach im gemeinschaftlichen Interesse, ganz Albanien in ein einziges *Vilayet* zusammenzufassen, ihm eine einfache, compacte und starke Organisation zu geben, in seine Verwaltung die Elemente des Landes hineinzuziehen und so unter dem Scepter S. M. des Sultans ein Zeitalter der Union, der Eintracht, der Brüderlichkeit für alle Religionen zu begründen.

Solche Eintracht aller Unterthanen begründet die Macht und die Kraft eines Landes, bietet Gewähr für Fortschritt, Wohlfahrt und Grösse; die Trennung, das Auseinanderreissen gebiert Schwäche, Elend, Untergang.

Wenn man Albanien eine gleichmässige Verwaltung gibt, wenn man ihm gleiche Gesetze gibt, die gegen Alle gleich angewandt werden, so wird man in dem Herzen des Volkes den Muth neu beleben; das erste Resultat wird die wiedergewonnene öffentliche Sicherheit sein, die Achtung vor den bestehenden Autoritäten, das Vertrauen in die Zukunft.

Gekräftigt durch diese drei Bedingungen der Wohlfahrt, wird der Ackerbau nicht zögern, sich weiter auszudehnen, wird die Viehzucht, diese erste Quelle des Reichthums unseres Landes, sich heben, wird der Handel kräftiger aufblühen, wird die Industrie neue Hilfsquellen eröffnen, wird die Bildung sich überall hin ausbreiten, in ihrem Gefolge

führend die Fortschritte der Civilisation, und aus diesen
Reichthum und allgemeines Wohlbefinden.

Und wenn die hohe Pforte in richtiger Erkenntniss
des kriegerischen Charakters des Albanischen Volkes ihm
eine der Schweiz ähnliche militärische Organisation geben
wollte, so würde Albanien in 6 — 8 Jahren in der Lage
sein, ihr 200 Bataillone von gut organisirten, exercirten,
disciplinirten, ergebenen und tapferen Truppen zu liefern,
200 Bataillone, welche sich Mann für Mann tödten lassen
würden für die Rechte und die Interessen des Kaiserreichs
zum Beweise ihrer unwandelbaren Ergebenheit, ihrer unwandelbaren Treue und Anhänglichkeit an die erhabene
Person ihres Souverains.

XV.

Wir sind am Schlusse unserer Arbeit. Mag sie gut oder schlecht sein, wir haben unser Bestes zu thun versucht aus Ueberzeugung und Pflichtgefühl. Das Eine nehmen wir für uns in Anspruch: dass Alles, was wir erklärt haben, in der Geschichte, in der Logik der Thatsachen begründet ist.

Wie wir Mitglied des Volkes der Albanesen sind, so tragen wir die innerste Ueberzeugung von der Wahrheit Dessen, was wir gesagt haben, in uns, glaubten wir eine Pflicht zu erfüllen, wenn wir dieser Ueberzeugung öffentlichen Ausdruck gaben. Unser Zweck war, Kenntniss über das albanische Volk zu verbreiten, indem wir zeigten, wo es herstammt, indem wir zeigten, welche Phasen es durchlaufen musste im Wechsel der Jahrhunderte, um zn seiner heutigen Lage zu gelangen. Wir haben es geschildert, so wie es ist, mit seinen guten, seinen schlechten Eigenschaften, mit seinen Bedürfnissen, seinen Hoffnungen.

Wir haben das vergessene Volk in das Gedächtniss der Mitwelt zurückrufen, wir haben das beleidigte Volk gegen seine Beleidiger vertheidigen, wir haben ihm Gerechtigkeit angedeihen lassen wollen.

Und wahrlich ist es ebenso wenig für uns, wie für einen Anderen ein Vergehen, sein Vaterland zu lieben. Wir haben den Muth der Meinung, in unserem Herzen brennt das Verlangen, unser Vaterland glücklich und gross zu sehen, wir haben den brennenden Wunsch, dass unser Vaterland nicht mehr nöthig habe, in Gegenwart der civilisirten und fleissigen anderen Nationen zu erröthen.

Das ist der Stachel der uns trieb, das Gefühl, das uns ermuthigte.

Wir sagten in unseren ersten Worten, unsere Arbeit ist
weder vollständig, noch ohne Fehler: es ist eine Arbeit des Ge-
dächtnisses, eine einfache Skizze, eine Studie, die ihrer näheren
Ausführung harrt. Gott weiss, ob wir auf diese Ausfüh-
rungen zurückkommen werden. Wenn aber Andere, die
geschickter und gelehrter sind, als wir, sich mit dieser Arbeit
beschäftigen wollen, so begleiten sie unsere heissesten
Wünsche. Jeder Versuch, ein niedergebeugtes Volk zu
erheben, ist ein edler Versuch.

Wir sind nicht exclusiv. Wir lieben zwar unser Land,
aber noch mehr lieben wir die Wahrheit und Gerechtigkeit.
Wenn wir uns geirrt haben, so zeige man uns unsere Irrthümer, wir werden sie verbessern; wenn unsere Ansichten
nicht begründet erscheinen, so zeige man uns Das, und wir
werden keinen Augenblick zögern, unsere Irrthümer einzugestehen: *errare humanum est.* Eine falsche Scham wird
uns niemals dazu bringen, ein falsches Princip aufrecht zu
erhalten; denn ebenso, wie wir den Muth unserer Meinung
haben, ebenso haben wir den Muth, unser Irren, unsere
Fehler einzugestehen, sobald wir sie erkennen müssen.
Ein solches Geständniss entehrt keineswegs.

Auch Griechenland haben wir Gerechtigkeit wider-
fahren lassen, wenn es auch kaum unserer Anstrengung
bedurfte, um seine vergangene Grösse, die den Gegenstand
der Bewunderung der ganzen Welt bildet, in das richtige
Licht zu setzen. Wir gestehen ihm den Titel der Mutter
der Civilisation zu, wir beugen uns vor seinem unvergleichlichen Genie. Jeder, der die Feder führt, darf und kann
nicht verkennen alles Das, was die Menschheit, die Wissenschaft, die Künste der griechischen Race verdanken, einer
Race, deren Ruhm die Welt erfüllt hat.

Aber diese aufrichtige Bewunderung, die wir Griechenland zollen, kann unsere Liebe für Albanien nicht ersticken.
Albanien ist unser Vaterland, wir wünschen es glücklich,
wir wünschen es vereint zu sehen unter dem glorreichen

5*

Scepter S. M. des Sultans. Ja, wir würden sogar Albanien lieber sterben sehen, als zerstückelt unter seinen Nachbarn.

Wir wollen nicht, dass das albanische Volk seinen charakteristischen Typ, seine Sitten, seine Legenden, seine Sprache verliere. Das sind die einzigen Reichthümer, die uns unsere Väter hinterliessen. Wir wollen sie heilig halten.

Ist dieses Verlangen ungerecht, so möge man es uns beweisen.

If you have any concerns about our products,
you can contact us on
ProductSafety@springernature.com

In case Publisher is established outside the EU,
the EU authorized representative is:
**Springer Nature Customer Service Center GmbH
Europaplatz 3, 69115 Heidelberg, Germany**

Printed by Libri Plureos GmbH
in Hamburg, Germany